JULES MICHEL

L'ÉCONOMIE POLITIQUE

CONFÉRENCES

DONNÉES EN 1877

A L'UNIVERSITÉ CATHOLIQUE DE LYON

Extrait de l'Association catholique

PARIS

IMPRIMERIE DUBUISSON ET Ce

5 — RUE COQ-HÉRON — 5

1878

JULES MICHEL

L'ÉCONOMIE POLITIQUE

CONFÉRENCES

DONNÉES EN 1877

A L'UNIVERSITÉ CATHOLIQUE DE LYON

Extrait de l'Association catholique

PARIS

IMPRIMERIE DUBUISSON ET C°

5 — RUE COQ-HÉRON — 5

1878

L'ÉCONOMIE POLITIQUE [1]

But de l'Économie politique

Services qu'elle est appelée à rendre

Bossuet, décrivant les institutions sociales des anciens Egyptiens, dans la troisième partie de son discours sur l'histoire universelle, a dit d'eux : « Cette nation grave et sérieuse connut d'abord la vraie fin de la politique, qui est de rendre la » vie commode et les peuples heureux »

Cette définition comporte l'ensemble de la science sociale; elle comprend ce que nous appellerions aujourd'hui les sciences morales et politiques, parmi lesquelles se trouve la science économique.

Avant de chercher quelle est la tâche qui incombe pour sa part à l'économie politique dans la science sociale, je voudrais ajouter un mot à la définition de Bossuet. Sans doute, de son temps, on ne soupçonnait pas qu'un jour viendrait où il serait nécessaire de plaider la cause du développement de la population sur le globe, où l'on ne devrait plus se contenter de dénoncer ceux qui, obéissant à leurs passions coupables, diminuent par des guerres injustes ou des supplices immérités le nombre d'hommes vivant sur la terre, et de condamner ceux qui enlèvent les ressources indispensables à l'existence des hommes, en détruisant d'une manière systématique ou in-

---

(1) Conférences données à la *Faculté catholique de droit* de Lyon.

consciente la richesse, produit de leur travail ; sans doute, Bossuet ne prévoyait pas qu'un jour viendrait où l'on serait obligé de réagir avec plus de raison encore contre ceux qui veulent limiter la population en tarissant sa source, et qui, au nom d'une fausse science, propagent cette doctrine de la limitation, comme un bienfait pour le genre humain.

Je dirai donc que la fin de la politique est de rendre la vie commode et les habitants heureux, dans un pays aussi peuplé que possible. Ainsi se trouvera réalisé le mot de l'Ecriture : *Croissez, multipliez-vous, remplissez la terre et soumettez-la à votre domination.* Soumettez la terre, c'est-à-dire travaillez pour la transformer, suivant les vues du Créateur, et faites-lui produire ce qui est nécessaire pour subvenir aux besoins de votre existence.

II

L'observation la plus superficielle de la nature des hommes nous les montre soumis à des besoins impérieux. De la satisfaction de ces besoins dépend la conservation de leur vie, leur multiplication plus ou moins rapide sur le globe qu'ils habitent, et enfin leur bonheur, qui n'est autre chose que le développement harmonieux de leurs facultés physiques et morales. On peut donc, en considérant l'homme, soit isolé, soit en état de société, l'envisager sous deux points de vue distincts : sous le rappport de son bien-être matériel et sous le rapport beaucoup plus large de son développement moral.

Le premier point de vue, le plus modeste, est du domaine de l'économie politique ; mais, si modeste qu'il soit, il n'en est pas moins important ; car si le développement matériel n'est pas la fin des sociétés humaines, il est indispensable cependant pour les conduire à leur fin. *Primo vivere, deinde philosophari,* dit le vieil adage. Donc, parmi l'ensemble des sciences qui ont pour but de rechercher les moyens de rendre la vie commode et d'assurer, comme l'a dit aussi Joseph de Maistre, la plus grande somme de bonheur possible au plus grand nombre d'hommes possible, il en est une qui mérite d'être étudiée d'une manière particulière : c'est l'économie politique, dont l'objet est de chercher quels sont les meilleurs moyens pour rendre la vie commode, en facilitant la satisfaction des besoins matériels.

Ne disons pas trop de mal des besoins matériels. Ils semblent se rapporter au corps seulement ; mais ils ont, à y regar-

der de près, une mission plus haute : « C'est par eux, dit un
» économiste dont j'aurai à citer plus d'une fois les jugements
» éminemment spiritualistes, c'est par eux que l'homme est
» sollicité à cette transformation du monde qui associe en
» quelque sorte la matière inerte au mouvement et aux magni-
» ficences de l'esprit. Ces besoins sont, en outre, un des liens
» de la société humaine. Livré à lui-même, l'homme ne pour-
» rait, dans l'isolement, satisfaire qu'à grand'peine les plus
» rigoureux de ses besoins. Associé à ses semblables, sa puis-
» sance d'appropriation des choses aux usages de la vie gran-
» dit au point qu'elle est prise par quelques-uns pour une do-
» mination souveraine sur le monde extérieur. Il sera donc
» vrai de dire, avec Platon, que, si l'on remonte par la pensée
» à l'origine de la société, on la voit sortir de nos besoins. Les
» besoins matériels sont un des moyens dont se sert la Provi-
» dence pour maintenir les hommes dans cette communauté de
» vie et de pensées qui constitue la raison d'être des sociétés
» humaines (1). »

Nulle part, en effet, on ne trouve un individu, ni même une
famille isolée, réduite pour vivre à ses seules ressources ; de là
résulte que les relations des hommes entre eux ont nécessairement une grande influence sur la manière dont ils arrivent à
satisfaire leurs besoins.

L'homme est sociable par destination; il n'est pas vrai,
comme l'a dit Rousseau, que l'homme soit naturellement un
tout parfait et solitaire. L'observation dément à chaque instant cette fausse assertion. Il résulte de là que les actes et les
habitudes de l'individu produisent, outre les conséquences qui
retombent sur lui-même, d'autres conséquences, bonnes ou
mauvaises, qui s'étendent à ses semblables.

Scrutez l'ordre matériel aussi bien que l'ordre moral, dans
toutes les institutions et dans tous les grands faits de la vie
sociale, comme raison d'être et comme loi de développement,
vous trouverez toujours le principe de la *Solidarité*.

La solidarité n'est pas la seule loi à laquelle l'homme soit
soumis. Il en est une autre, fondée sur ce fait d'expérience que
la nature des choses nous rappelle à chaque instant : c'est que
l'homme n'arrive à la satisfaction de ses besoins qu'à l'aide
d'un effort. *Tu mangeras ton pain à la sueur de ton front*, tel
fut le premier mot adressé à l'homme au lendemain de sa chute,

______

(1) Périn. *De la Richesse des sociétés chrétiennes*, t. I, p. 29.

et ce mot est vrai aujourd'hui comme aux premiers jours de l'humanité. De là pour l'homme la *Responsabilité* de ses actes : la souffrance, s'il veut se soustraire à la loi qui lui est imposée; la satisfaction, s'il emploie son activité dans la direction que la raison ou l'expérience lui a tracée.

Telles sont les lois, ou, si l'on veut, les axiomes qui doivent servir de base à la science économique, à cette science dont l'objet est *l'étude des besoins matériels de l'homme, des moyens les plus propres à assurer le développement complet de son être, soit à l'aide de ses efforts personnels, soit au moyen des ressources qu'il tire de la société de ses semblables, et l'étude enfin des causes qui peuvent contrarier son développement, que ses causes proviennent de sa nature individuelle ou du milieu social où il vit.*

III

L'économie politique est-elle réellement une science ? Longtemps on lui a refusé ce titre, et peut-être le lui refuse-t-on quelquefois encore. Et cependant c'en est une au même titre que l'hygiène, qui a pour but d'enseigner les moyens de maintenir le corps humain en bonne santé, au milieu des circonstances diverses qui tendent à compromettre cet état si souhaitable.

L'économie politique pourrait être appelée l'hygiène sociale. Comme l'hygiène étudie la constitution du corps humain, les conditions de la santé, les sources de la maladie, et enseigne les meilleurs moyens d'éviter celle-ci et de conserver celle-là, de même l'économie politique étudie l'organisation naturelle des sociétés humaines, les conditions de leur développement normal dans les membres qui la composent, enfin les causes qui peuvent entraver ce développement; et de même aussi elle nous enseigne les moyens de réaliser sous ce rapport les vues du Créateur, qui a tout préparé pour le bonheur de ses créatures, si elles veulent accomplir leur fin.

Car c'est Dieu qui a créé les sociétés humaines comme il a créé l'homme lui-même; c'est Dieu qui a imposé aux sociétés ces lois de développement, où elles trouvent leur bonheur si elles les observent, leur châtiment si elles les méconnaissent.

Un des plus savants économistes contemporains, un économiste français, Frédéric Bastiat, après avoir scruté, à l'aide d'une observation persévérante et d'une puissante analyse, la vie des hommes en société, s'est écrié, comme Kepler : *Digitus*

Dei est hic, et il a pris ces mots pour épigraphe d'un de ses plus importants ouvrages, le résumé de ses méditations économiques, et comme le testament de ce maître illustre.

C'est ainsi que les grands astronomes et naturalistes du dix-septième siècle s'inclinaient, pleins de respect, quand, à la suite d'études approfondies, ils arrivaient à pénétrer les secrets de la nature et à comprendre les œuvres de la Divinité.

Comme l'hygiène, d'ailleurs, l'économie politique paraît chose si naturelle, si familière, qu'en l'entendant exposer, on est tenté de dire : Ce n'est que cela?

En effet, nous faisons tous les jours de l'économie politique, comme de l'hygiène, sans le savoir. Et ceux qui nous l'enseignent n'ont pas la prétention de faire autre chose que de formuler devant nous les règles du bon sens et de l'expérience, basées sur la réflexion et l'observation judicieuse des faits, dégagées seulement des obscurités qu'apportent dans la plupart de nos actes l'ignorance, la paresse d'esprit ou les préjugés si nombreux dont nous sommes environnés.

Enfin, un rapprochement de plus avec l'hygiène, c'est que l'application des règles de la saine économie politique ne trouve pas de plus grand obstacle que les passions humaines. C'est l'homme lui-même qui est le pire ennemi de son bien-être comme de sa santé.

Cette remarque suffit à faire comprendre à l'avance comment la liberté seule, la liberté absolue, n'est pas le remède aux écarts économiques; comment il faut dans le monde social, comme dans le monde de l'hygiène, recourir à des règlements. Ils auront pour but d'empêcher l'oppression du faible par le fort, et d'obvier aux abus provenant des préjugés ou des passions humaines, dont on n'a peut-être pas assez tenu compte en économie politique jusqu'à présent.

Voici, à l'appui de cette opinion, comment s'exprime un publiciste éminent, dont j'invoquerai souvent l'autorité dans le cours de ces études.

M. Le Play dit, dans l'introduction de son ouvrage sur la *Réforme sociale en France* (livre dont je ne saurais trop recommander la lecture) : « Celui qui ne tiendra pas compte de la » propension à l'égoïsme et à la tyrannie si prononcée chez » les hommes, sera toujours conduit, en traitant les questions » sociales, à des conclusions erronées (1). »

(1) Le Play. *Réforme sociale*, t. I, p. 15.

D'autre part, un économiste justement estimé a.écrit ceci :
» Pour certains économistes, tous les actes de l'homme procè-
» dent de la raison; l'homme, suivant eux, agirait toujours lo-
» giquement, rationnellement. Or, cela n'est pas : l'homme a
» des passions, des préjugés qui influent grandement sur ses
« actes, et, jusqu'à présent, on a trop peu tenu compte des
» passions en économie politique (1). »

IV

Parmi les mobiles qui le font agir, un des plus puissants,
celui dont les économistes doivent le plus tenir compte, est
l'intérêt privé, l'intérêt personnel. C'est un des ressorts de
la société, et il faut le respecter, si on veut qu'elle dure.
Il y a le devoir sans doute; mais il y a l'intérêt aussi, et ni
la morale ni le bien-être ne se trouvent bien de leur séparation.

« Deux choses, selon saint Augustin, dit Bourdaloue dans un
» sermon sur la Providence, deux choses sont capables de tou-
» cher l'homme et de faire impression sur son cœur : le devoir
» et l'intérêt. Le devoir, parce qu'il est raisonnable, et l'inté-
» rêt, parce qu'il s'aime lui-même. Voilà les deux ressorts qui
» le font communément agir. Mais il faut, ajoute saint Augus-
» tin, que ces deux ressorts soient remués tout à la fois, pour
» avoir dans le cœur de l'homme un plein effet. Car le devoir
» sans l'intérêt est faible, languissant; et l'intérêt sans le de-
» voir est bas et honteux. L'un et l'autre ont une vertu presque
» infaillible et une efficacité à laquelle il est comme impossible
» de résister. »

Bossuet a dit, presque dans les mêmes termes, que Dieu,
voulant établir la société, veut que chacun y trouve son intérêt.

Ainsi nous ne méconnaîtrons pas ce puissant mobile qui sti-
mule l'activité des hommes, mobile corrélatif à la responsabilité qui leur est imposée. Nous ne rougirons point de faire
appel à ce ressort toutes les fois qu'il en pourra résulter du
bien pour le développement de la vie économique de l'individu;
mais nous n'oublierons point que l'intérêt privé peut paraître
quelquefois en opposition avec l'intérêt général, quoique, en
réalité, il n'y ait jamais contradiction entre l'un et l'autre, s'ils

(1) Maurice Block. *Journal des Économistes*, juillet 1874, p. 102.

sont tous deux bien compris. L'individu doit alors respecter le bien plus large de ses semblables, et, à défaut du sentiment du devoir, la contrainte légale peut le ramener dans de certaines limites qu'il ne doit pas dépasser.

Dans l'habitude de la vie, nous sommes trop portés à oublier qu'en faisant nos affaires nous faisons en réalité celles de tout le monde, en vertu du principe de la solidarité. Nous sommes trop portés surtout à ne faire nos affaires que parce qu'elles sont les nôtres. Il est bon d'enseigner aux hommes que le devoir a sa place dans leur vie, dans leurs actions, même au point de vue purement économique. Il faut leur rappeler qu'en labourant la terre, en façonnant des métaux, en transportant des produits, on doit se proposer autre chose qu'un but égoïste et individuel, qu'on ne doit pas laisser perdre des forces qui peuvent être utiles à soi ou aux autres; et ainsi, nous mettrons à côté du gain matériel le bien moral; ainsi nous relèverons, aux yeux de tous, le travail le plus humble et la plus ingrate existence.

J'ai trouvé cette pensée exprimée sous une forme parfaitement juste, dans une note de M. Louis Desgrands, de Lyon, sur les écoles de commerce (1).

A propos d'un cours sur les devoirs du négociant, cours dont la pensée première se trouve dans la correspondance de l'illustre Ozanam, M. Desgrands dit qu'il faut pénétrer les élèves de la grandeur et de la dignité de la carrière qu'ils comptent embrasser.

« Ce n'est pas, comme on le croit communément, ajoute-t-il,
» ce n'est pas dans le seul but de faire fortune qu'on doit en-
» trer dans cette carrière. Le négociant digne de ce nom,
» s'inspire de pensées plus élevées. Son action doit tendre à
» produire deux résultats utiles, l'un pour lui, l'autre pour ses
» semblables. Il n'y a de commerce avantageux qu'à cette
» double condition. La communauté ne paye que ce qui lui
» est utile. Ainsi le commerce, instrument de fortune pour
» l'individu, doit être aussi un moyen de progrès pour l'huma-
» nité. »

On ne peut mieux dire, et ces réflexions peuvent s'appliquer à toutes les professions; on ne saurait trop les faire pénétrer dans l'esprit des jeunes gens de toutes les conditions, pour leur faire aimer leur travail et l'anoblir à leurs propres yeux.

(1) *Quelques notes sur les Ecoles de commerce*, par Louis Desgrands. Lyon, 1874, p. 38.

V

Après avoir ainsi exposé les notions fondamentales sur lesquelles s'appuie l'économie politique, pour se guider dans l'observation des faits d'où elle doit tirer les lois économiques, c'est-à-dire les moyens de rendre la vie commode au plus grand nombre possible d'hommes sur la terre, il va nous être permis de déterminer le champ dans lequel elle se meut; les questions les plus importantes parmi celles qui forment son domaine proprement dit; les services qu'elle doit nous rendre dans la vie privée et dans la vie publique.

C'est d'abord l'étude des moyens de satisfaire les besoins matériels dont dépend la conservation de notre existence, l'étude des moyens de nous -procurer aisément les produits naturels qui doivent être appropriés par notre travail à cette destination. L'ensemble des produits mis ainsi à la disposition de l'homme par son travail, a reçu le nom de *richesse*, dans le langage économique. — La production de la richesse est donc un des premiers sujets d'étude de l'Economie politique; mais ce n'est pas toute la science, bien s'en faut, car la richesse n'est qu'un moyen, elle n'est pas un but. Elle est destinée à faire vivre les hommes, à assurer leur développement physique; sans elle les privations, les souffrances arrêteraient le développement de la population; les générations étiolées s'éteindraient, écrasées pour ainsi dire par cette nature matérielle qu'elles sont appelées au contraire à dominer, suivant le mot de l'Ecriture. Mais si la richesse est indispensable pour la vie des nations, elle n'est nullement la fin à laquelle elles doivent tendre, elle n'est pas même, bien s'en faut, l'unique condition de leur bonheur, pas plus que du bonheur des individus.

« Il est manifeste, dit saint Thomas, que le bonheur de » l'homme ne peut pas être dans les richesses, elles ne sont » désirables qu'en tant qu'elles sont les soutiens de la nature » humaine; elles se rapportent à lui comme à leur fin. » Voilà les vérités que l'économiste ne devra jamais perdre de vue dans ses études.

L'histoire de tous les temps, l'expérience contemporaine ne nous apprennent-elles pas trop bien qu'un développement exagéré de la richesse n'est pas un danger seulement pour les individus, qu'il est même pour les nations une cause de décadence et de corruption? Le *væ divitibus* ne s'applique pas seulement à l'homme qui fait un mauvais emploi de sa fortune, il s'applique également aux sociétés qui ne savent pas rétablir les biens dont elles jouissent, de manière à faire disparaître les souffrances ou les privations qui fomentent la haine et attisent le feu des révolutions. « Vouloir que tous les hommes » jouissent en abondance de tous les biens de la vie, ce serait » folie, dit Charles Périn; mais c'est sagesse, et sagesse vrai- » ment chrétienne, que de lutter sans trève et sans repos » contre tous les obstacles de la nature matérielle et de la na- » ture humaine, pour mettre les sociétés dans cet état où le » plus grand nombre de leurs membres se trouvera, par le » travail, en possession de cette part de biens matériels que » réclament les premières nécessités de la vie, et qui sont une » des conditions de la liberté extérieure, sans laquelle même » la liberté de l'esprit peut être souvent troublée (1). »

Nous ne saurions trop le répéter, ce n'est pas la quantité de richesses qui assure notre bien-être, même matériel : c'est l'équilibre entre les besoins et les ressources destinées à les satisfaire. Or, l'homme, en vertu de sa liberté, en vertu de sa nature, est susceptible de donner à ses besoins une extension presque indéfinie. C'est un fait d'observation qu'à peine a-t-il satisfait ses besoins les plus essentiels, il s'en crée d'autres qui deviennent bientôt, par l'habitude, tout aussi impérieux que les premiers. Ne voyons-nous pas les habitants des villes en avoir plus que ceux des campagnes, et les habitants de nos campagnes en avoir plus que les Arabes de l'Algérie ou que les sauvages de l'Amérique? Cette tendance de notre nature est le principal stimulant du travail. Sans cette aspiration vers un bien-être constant, l'homme se laisserait volontiers aller à la paresse, comme le fait l'animal repu; il s'engourdirait dans l'inaction, comme les habitants des îles de l'Océanie, où il suffit aux naturels d'un léger effort pour se procurer des moyens de subsistance. Ceux-ci s'éteignent dans l'indolence, dans l'affaissement intellectuel, et leur vie, en butte à toutes les souffrances que peut causer la moindre variation dans le cours régulier des saisons, ne réalise nullement l'idéal que nous devons nous faire de la mission de l'homme sur la terre.

Mais si cette extension de nos besoins a son bon côté quand notre travail et nos ressources suffisent à nous permettre de les satisfaire, elle est au contraire une cause de souffrance, un

(1) Périn. *De la Richesse dans les sociétés chrétiennes*, p. 86.

danger même, quand nous n'y pouvons plus pourvoir facilement ou quand la richesse est l'apanage de quelques privilé-
giés. L'équilibre est rompu ; comment y remédier? Il n'y a
qu'un moyen : c'est de savoir, par une sage prévoyance, même
au sein de l'abondance, modérer nos désirs et nous restreindre
dans l'usage des biens dont nous disposons.

Ceci rentre dans le domaine de la morale, de la religion qui,
seule, peut nous donner sur nous-mêmes l'empire nécessaire.
L'économie politique n'a pas la prétention d'être la science
sociale tout entière; elle doit se contenter d'apporter à la morale un utile appui, en montrant les heureuses conséquences
de la modération dans l'usage de la richesse, au point de vue
du développement matériel des nations.

VI

Comment l'homme se procure-t-il les richesses, c'est-à-dire
les ressources diverses dont nous venons d'apprécier la nécessité croissante? C'est par le *travail*, par l'effort; car les produits
naturels du globe, auquel nous empruntons tous nos moyens
de subsistance, ne nous sont jamais acquis sans que nous
ayons fait, ou sans que quelqu'un de nos semblables ait fait un
certain travail, pour nous le procurer, pour l'approprier à nos
besoins. La terre, l'*alma mater* des anciens, est en réalité une
marâtre; elle ne nous donne rien sans peine, comme le Protée
de la fable, elle ne cède qu'à la violence; mais alors elle récompense largement ceux qui ont persévéré dans le travail.

Si les hommes pouvaient vivre des produits spontanés du
sol, ne leur faudrait-il pas encore se donner de la peine pour
aller les ramasser, pour les conserver pendant la mauvaise
saison? D'ailleurs, trouveront-ils jamais leurs habitations toutes
construites, leurs vêtements tous prêts?

Le travail est donc un des sujets les plus importants de la
science économique. Elle constate la puissance féconde qu'ac-
quiert le travail des hommes réunis en société, fécondité dont
les effets de la division du travail sont une saisissante démons-
tration ; en même temps, elle nous montre que personne ne se
suffit à soi-même ici-bas.

De ce qu'aucun homme ne produit tous les objets qu'il consomme, de ce qu'aucun pays ne fournit tous les objets à l'usage
de ses habitants, naissent le commerce, l'échange, l'emploi de
la monnaie, l'utilité du crédit et d'autres questions que les

économistes ont analysées avec une grande sûreté. On peut dire que là-dessus la lumière est faite, et, si l'on y discute encore, ce n'est plus que sur quelques points de détail.

Ce sera l'honneur de l'économie politique, que d'avoir su donner au travail sa véritable place dans nos sociétés chrétiennes, d'avoir décrit son rôle, son importance et de nous avoir appris à l'estimer ce qu'il vaut.

Non-seulement la division du travail et l'échange augmentent la productivité de l'effort individuel de chacun de nous, mais l'association de nos efforts vient à son tour nous étonner par ses merveilleux résultats. C'est ainsi qu'on voit à bord d'un vaisseau d'énormes cabestans destinés à remonter l'ancre mouillée au fond de la mer. Quelle que soit la vigueur déployée par le plus robuste matelot, il ne pourra remuer la lourde machine; vingt, trente hommes n'y suffiront même pas, si leurs efforts ne sont pas coordonnés; mais que le rhythme se fasse entendre, que toutes les mains saisissent ensemble les barres, que toutes les poitrines s'appuient ensemble sur elles, et on voit l'ancre céder doucement à l'action du cabestan. L'association des efforts a eu raison de sa résistance.

Il en va de même dans le monde économique : la science dont nous parlons ne saurait donc méconnaître les conséquences fécondes de l'association pour le bien-être des communautés humaines; sujet des plus intéressants, mais encore incomplétement élucidé.

Du moment où plusieurs personnes concourent à l'achèvement d'un même objet, si minime qu'il soit, il faut que la valeur produite par leur travail soit répartie entre tous ceux qui y ont pris part, problème difficile, qui donne lieu de nos jours à des discussions passionnées; problème qui n'est jamais bien résolu tant que l'esprit chrétien ne vient pas tempérer les conséquences rigoureuses des principes de l'offre et de la demande, comme base de la répartition des profits.

En poursuivant cet ordre d'idées, on est conduit à approfondir la notion si juste du salaire, et les divers modes de rémunération du travail, du capital et de l'intelligence.

VII

Par une loi providentielle le travail journalier, persévérant de chacun de nous, combiné, comme nous venons de le dire, avec l'association des efforts, fécondé par la division du travail, produit beaucoup au delà de ce qui est nécessaire pour la satisfaction de nos besoins immédiats; nous pouvons par *l'é-pargne* réserver cet excédant pour nos besoins futurs; c'est ce que fait le laboureur qui renferme sa moisson dans ses greniers. Il sait que l'hiver viendra et qu'il lui faudra attendre une longue année avant de faire une nouvelle récolte. Comment vivrait-il sans la prévoyance qui lui a fait mettre de côté la subsistance de cette période?

Il épargne donc. Mais cela les animaux le font aussi; je n'ai pas besoin de vous citer ceux qui savent également faire leurs provisions, si bien que l'Ecriture les a donnés en exemple à l'homme oublieux de ses devoirs. *Vade ad formicam, piger.*

Mais l'homme fait de plus ce que l'animal ne sait pas faire; il épargne non pas seulement pour consommer, il épargne pour dilater encore plus la puissance du travail, pour produire avec le même effort, avec la même peine, des résultats plus considérables; il se crée des instruments pour faciliter l'œuvre de ses mains, pour s'aider dans la lutte incessante contre la nature matérielle.

Ces instruments, résultats d'un travail antérieur, employés uniquement dans le but de développer la puissance du travail ultérieur sont ce que les économistes appellent *des capitaux*. La formation du capital est un des signes de la supériorité de l'homme sur l'animal. Le capital, c'est le levier avec lequel nous marchons à la conquête du monde; c'est l'arme du progrès et de la civilisation. Heureux les hommes s'ils savaient ne pas abuser de ses bienfaits, et si, dans leur aveuglement, dans leurs passions, ils ne le détruisaient pas, à mesure qu'il se produit pour le bien général de la société!

L'épargne, le capital, leur mode d'action, leurs avantages, voilà des sujets dont l'étude est des plus attrayantes, et où l'on est sûr de trouver de vives clartés et d'amples satisfactions.

Si je cite encore quelques questions plus obscures, moins complétement élucidées, telle que les *impôts*, — l'origine de la *propriété*, — la question de la *population*, j'aurai à peu près parcouru dans son entier le domaine de l'économie politique.

Ne soyons pas étonnés que cette science renferme encore des points contestés; elle est de date bien récente; le sujet sur lequel elle fait porter ses observations est de sa nature on ne peut plus complexe; l'homme, être libre par excellence, obéit assurément à des lois dans la manifestation de son activité, mais il n'y obéit pas d'une manière fatale; et l'imprévu de ses déterminations, sous l'impulsion de ses préjugés ou de ses passions, rend souvent très-difficile la vue claire et nette des phénomènes économiques. La statistique, qui est l'un des instruments les plus utiles de l'économie politique, en fournit une preuve frappante. Tous ceux qui ont à manier les chiffres de la statistique savent combien il faut se défier des résultats auxquels ils conduisent; avec quelle prudence, quelle sagacité, il faut les consulter; et cependant, plus on apportera de précision dans les opérations de la statistique, mieux on en rendra les chiffres comparables, et mieux on appréciera nos institutions sociales, sous le rapport de leur influence sur le développement de la richesse publique. Déjà on lui doit des renseignements du plus haut intérêt, guides utiles pour les administrateurs qui veulent bien les consulter.

VIII

Quelle est, demandera-t-on peut-être, l'utilité pratique de l'étude de l'économie politique? Ses services sont de diverses natures; comme individus nous lui devons de nous éclairer sur la destination, sur les moyens de production et sur le meilleur emploi de la richesse; elle nous excite à la prévoyance, à l'épargne, qui sont le fondement de la liberté et de la dignité de l'homme, quelle que soit d'ailleurs sa position sociale. Elle complète les utiles enseignements de l'économie domestique; elle nous apprend enfin à formuler des jugements nets et précis sur les phénomènes du monde social, au milieu desquels notre vie se déroule. Distraits et inattentifs, comme nous le sommes le plus souvent pour les questions qui sont le plus près de nous, notre réflexion est appelée sur ces faits par les maîtres de la science économique, et nous avons la satisfaction de savoir les discerner, d'en saisir la raison d'être. Est-ce donc une médiocre satisfaction que celle qu'éprouve l'intelligence se rapprochant de plus en plus de la vérité?

L'économie politique, bien comprise, ne rend pas de moindres services à la société qu'à l'individu. Elle cherche à donner la meilleure répartition aux produits du travail, à conjurer les haines que peut faire naître l'envie, elle fait voir le mérite des diverses fonctions sociales, malgré leur inégalité forcée, et travaille à l'union de toutes les classes de la société, en montrant la part de chacune dans l'œuvre de la prospérité publique.

S'agit-il des questions d'administration et de législation, l'économie politique apporte son contingent d'observations, les principes qu'elle en a déduits.

Si l'homme d'Etat doit obéir souvent à d'autres considérations que celles qui tiennent uniquement au meilleur moyen de développer la richesse, il doit tenir, néanmoins, grand compte des indications de la science économique, sous peine de s'engager dans des voies dangereuses. C'est ainsi que les principes économiques sur la nature et l'origine de la propriété foncière auraient pu être plus utilement consultés qu'ils ne l'ont été, soit dans la législation sur les mines, soit dans la rédaction de nos codes sur la transmission des biens, soit enfin dans l'application des procédés du droit administratif vis-à-vis des propriétaires.

La rédaction des lois fiscales, en particulier, aurait grand profit à ne point s'écarter des données légitimes de la science : car celle-ci n'est, en définitive, que le résumé raisonné de l'expérience de nos devanciers. C'est ainsi que l'économie politique met depuis longtemps les hommes d'Etat en garde contre les dangers de la constitution des monopoles, surtout dans les questions de perception des impôts, Pour ne citer qu'un exemple récent, les économistes ont protesté contre la loi qui a organisé le monopole de la fabrication des allumettes chimiques. L'événement ne semble-t-il pas donner complétement raison à leurs appréhensions?

Si manifestes que soient les conclusions de l'économie politique sur diverses questions qui ont trait au gouvernement des hommes, il ne faut pas cependant prétendre en imposer l'application rigoureuse et d'une manière absolue, quelle que soit la situation d'un pays, l'état dans lequel sont les esprits. Il faut tenir compte de ces circonstances complexes, quand on a affaire à cet être ondoyant et divers qui s'appelle l'homme, et c'est là ce qui rend si difficile l'art de gouverner.

IX

Si nous passons à un autre ordre d'idées, il nous sera facile de reconnaître les services que l'économie politique peut rendre aux études historiques. L'économie politique est une science d'observation, car, dans le monde moral, aussi bien que dans le monde physique, comme a fort bien dit M. Le Play, on n'arrive au vrai que par l'emploi simultané de l'observation et du raisonnement. Or, les faits sur lesquels s'appuie l'économie politique ne sont pas seulement les faits contemporains ou les données des statistiques récentes. Elle invoque aussi l'his-

toire des temps passés, où, malheureusement, les chiffres précis
font trop souvent défaut, mais où les faits sont éclairés d'un
jour spécial et prennent une valeur considérable par les conséquences que nous voyons se dérouler sous nos yeux, comme
pour notre instruction.

N'est-ce pas, en effet, un avantage inappréciable que de voir
d'un coup d'œil un acte économique et les suites qu'il entraîne
après lui? Et est-il alors bien difficile de prédire la portée de
certaines mesures économiques prises de nos jours?

Si l'histoire jette ainsi sur la science de l'économie politique
des lumières précieuses, d'autre part, l'économie politique, à
son tour, peut quelquefois redresser l'enseignement de l'histoire. Il nous souvient d'avoir lu, dans les historiens du commencement de ce siècle, des pages pleines de dédain pour le
moyen âge et des lamentations sur la misère dans laquelle
devaient se trouver plongées les populations à cette époque.
Emerveillés des conquêtes récentes de l'agriculture et de l'industrie, qui leur semblaient marcher depuis plus d'un siècle
dans la voie de l'augmentation du bien-être général, ces historiens en avaient conclu que les peuples de l'Europe, depuis
l'invasion des barbares dans l'empire romain, avançaient d'un
pas lent, mais régulier, vers le progrès : progrès dans les
sciences, progrès dans la richesse, progrès dans la population.
Ils en étaient arrivés, comme conséquence naturelle, à prétendre que le moyen âge avait été pour la France une période
d'enfance, où la richesse était presque nulle, le peuple dans la
misère, le territoire à peine occupé par de rares habitants dis-
séminés au milieu de vastes espaces couverts de forêts.

Les économistes ne peuvent souscrire à de pareils jugements.
Quand ils voient les constructions admirables dont les douzième
et treizième siècles ont couvert le sol de la France : églises,
abbayes, châteaux-forts, et surtout ces merveilleuses cathé-
drales, qui ne témoignent pas moins du sentiment artistique et
de la foi de leurs architectes que de leur science profonde;
quand ils voient tout ce travail devant lequel le génie de notre
époque reculerait presque, les économistes supputent ce qu'il
en a dû coûter de journées d'ouvriers. Car ils savent que toute
évaluation de dépenses de construction se résout en définitive
en salaires, c'est-à-dire en journées de travail d'hommes. Or,
ces hommes employés à bâtir des églises, il fallait les trouver,
il fallait les nourrir; il fallait donc non-seulement qu'ils fussent
disponibles en nombre considérable pour se consacrer à ces
œuvres, improductives au point de vue matériel, mais il fallait

2

aussi qu'une autre portion considérable de la population pût s'appliquer à leur fournir les moyens de subsistance. Donc, à cette époque, la France devait être très-peuplée, elle devait être arrivée à un remarquable développement de prospérité agricole.

Cette prospérité a disparu; à l'histoire maintenant d'en constater la réalité par l'étude des documents authentiques trop longtemps négligés, tant on était persuadé qu'il ne pouvait y avoir rien à trouver d'intéressant sur un temps qu'on se représentait volontiers comme plongé dans la misère et les ténèbres de l'ignorance. Mais, aujourd'hui, une pléiade brillante d'historiens érudits s'est mise à l'œuvre. Ils font ressortir de la manière la plus évidente les conclusions que je viens d'énoncer. Leurs calculs nous montrent la France, du temps de saint Louis, à peu près aussi peuplée qu'elle l'était au commencement de ce siècle; et la prospérité de cette époque a duré jusqu'à la veille de la guerre de cent ans. Alors est venue fondre sur notre pays une période de calamités sans pareilles, de désastres inouïs, dont les effets lamentables sont faciles à reconnaître jusqu'au règne de Louis XI. « Tout annonce, dit M. de Lavergne, qu'à la fin du quatorzième siècle, la population avait diminué de moitié. Au milieu du quinzième siècle, commence une ère de réparation, de prospérité nouvelle, qui se traduit au dehors par la reconstruction des villes, des villages, des fermes, jusque dans les contrées les plus éloignées. La population, décimée par les guerres des Anglais, augmente rapidement. Elle sait tirer de la terre des produits abondants, et l'agriculture, en France, au milieu du seizième siècle, était aussi avancée que pendant la première moitié du dix-neuvième siècle. On savait, par exemple, faire produire à la terre autant de blé par hectare qu'aujourd'hui. On savait aussi créer des prairies artificielles pour suffire à l'alimentation d'un nombreux bétail. »

Tout cet édifice de prospérité s'est écroulé dans les calamités de la guerre civile enfantée par la Réforme, et il a fallu deux cents ans pour réparer les plaies faites par cette désastreuse époque, pour refaire les capitaux détruits, pour restaurer l'agriculture, pour multiplier la population.

Ne soyons donc pas trop fiers de nos progrès; n'oublions pas que la prospérité des nations est bien fragile; il suffit de quelques années pour l'abattre, et ce n'est pas trop du concours de toutes les bonnes volontés pour la consolider.

Je signalerai encore le nouveau tour donné aux recherches

historiques par le goût des études économiques. Maintenant, nous ne nous contentons plus des récits de batailles, des dissertations sur les traités entre les gouvernements, ou des anecdotes plus ou moins authentiques sur les personnages marquants; nous voulons savoir comment vivaient les gens du menu peuple. Nous voulons pénétrer dans les conditions de leur existence modeste, de leur vie de chaque jour, et nous ambitionnons de pouvoir comparer leur manière de vivre avec la nôtre. Nous voulons savoir qui avait la vie la plus commode, qui était le plus heureux de l'homme des siècles passés ou de l'homme de notre temps.

X

Il est encore un service signalé que l'économie politique est appelée à rendre aux jeunes gens : c'est de les mettre en garde contre les sophismes des nombreuses écoles socialistes qui troublent depuis un siècle les esprits en France et en Europe, qui fomentent les discordes et préparent pour les peuples modernes, s'ils pouvaient réussir, des années de souffrances et de misères inouïes, dont nous devons demander à Dieu de nous préserver. Malheur à ceux qui se laisseront prendre à ces funestes doctrines !

« Or, l'économie politique, comme l'a dit M. Tallon dans son
» livre sur la *Condition morale des classes ouvrières*, l'économie
» politique repousse toutes les combinaisons imaginaires qui
» substituent à l'action individuelle la direction collective, et
» tentent vainement, il faut le dire, de fonder la prospérité gé-
» nérale sur l'amoindrissement et l'assujettissement des droits
» de chacun.

» Cette science proscrit tous les systèmes qui veulent absor-
» ber, au profit de la communauté, l'initiative personnelle de
» l'individu. Elle dénie à l'Etat le pouvoir de distribuer les
» richesses, de répartir le travail, de pourvoir aux besoins de
» tous. »

Aussi l'économie politique est le plus redoutable adversaire du socialisme.

Et s'il m'est permis de rappeler ici un souvenir personnel, je remonterai aux années troublées qui ont suivi la révolution de 1848. Les esprits les plus fermes d'alors, s'ils étaient mal préparés par leur éducation économique, ou mal défendus par leurs convictions religieuses, se laissaient entraîner à croire que les socialistes, si bruyants à cette époque, apportaient la solution des problèmes du paupérisme et de l'antagonisme social.

Je me souviens encore de l'étonnement que j'éprouvai en entendant discuter sérieusement, par des personnes respectables, les idées les plus subversives des socialistes. Elles se demandaient, de bonne foi, si ce qu'elles avaient considéré jusqu'alors comme les fondements de la société ne devait pas être transformé sous le souffle des idées nouvelles; si, avec la suppression de la transmission des biens par le testament, par exemple, les communistes ne nous apportaient pas le germe d'institutions mieux faites que nos codes actuels pour le bonheur de l'humanité.

Bref, sortant à peine de l'adolescence, sans aucune éducation économique, je ne laissai pas que d'être profondément troublé par ces attaques contre la société, attaques qui se présentaient sous le couvert de sentiments généreux, bien faits pour entraîner des jeunes gens inexpérimentés. Indécis, hésitant, je me demandais ce qu'il en fallait penser.

Mais la lecture des *Harmonies économiques*, de Frédéric Bastiat, que le hasard mit entre mes mains, fit cesser toute incertitude dans mon esprit. Désormais, je n'avais plus à redouter les sophistes : je ne songeais plus qu'à dénoncer les faux dogmes par lesquels ils séduisent les ouvriers, même de bonne volonté. La lumière était faite devant mes yeux. Je souhaite qu'elle éclaire toujours la jeunesse française, et qu'elle puisse, comme moi, conserver un souvenir reconnaissant pour des études capables de la préserver de regrettables égarements.

XI

Mais qu'est-ce que le socialisme, et d'où vient-il ?

Notre ordre social moderne repose sur deux principes dont le Christianisme a progressivement tiré les conséquences, savoir : *la liberté de l'homme* et *la propriété du produit de son effort, de son travail*. C'est par là que le monde chrétien diffère du monde païen, dont le système économique était fondé sur l'esclavage.

Or, les économistes prennent ces deux principes pour point de départ de leurs études, tandis que les socialistes, au contraire, veulent revenir à la négation de la liberté humaine. Ils l'absorbent au profit de je ne sais quoi qu'ils appellent l'Etat ou la collectivité. C'est l'esclavage sous une nouvelle forme, plus tyrannique que l'esclavage du monde antique, parce que l'homme serait ployé, non plus sous la volonté d'un autre homme, capable encore d'être ému et de sentir son cœur battre de pitié pour les souffrances de son semblable, mais bien sous la domination d'une abstraction irresponsable, anonyme, incapable d'aucun sentiment humain.

Et il est facile de le comprendre, quand on sait d'où procèdent les diverses écoles de socialistes, dont les doctrines ont égaré dans notre pays tant de belles intelligences, et perverti dans les classes ouvrières les notions de respect pour les principes du Christianisme, seuls capables de leur assurer le calme de l'esprit et la paix du cœur au milieu d'une existence souvent pénible.

Le socialisme, de nos jours, se présente comme une réaction contre les vues incomplètes ou erronées des premiers économistes sur la richesse.

La philosophie sensualiste du siècle dernier s'était préoccupée exclusivement des besoins matériels et des moyens de les satisfaire, de manière à augmenter la somme des jouissances matérielles, à l'aide de richesses toujours plus abondantes, sans prendre souci de la nature morale de l'homme.

De là le caractère propre de l'ancienne école économique; elle se compose de ceux qu'on pourrait appeler les théoriciens du produit net. Émerveillés des résultats de la puissance du travail, ils se sont complus dans l'étude de la production de la richesse et l'ont prise pour toute la science.

Aussi, pendant longtemps, les économistes se sont peu préoccupés de la distribution et de la répartition de la richesse; ils n'ont considéré dans l'homme que l'agent capable de former les capitaux et de les faire valoir par son intelligence ou à l'aide de ses bras. Ils ont sacrifié les machines humaines à la gloire de la production à bon marché, sans voir que le jour où cette machine libre et intelligente viendrait à se révolter, elle compromettrait en quelques moments les richesses si laborieusement amassées, et que le prix de revient de la fortune publique serait singulièrement augmenté par des destructions faciles à prévoir, révolte et destructions dont nous avons vu naguère le lamentable exemple et les effets désastreux.

Le produit net, en effet, ne se compose pas uniquement des réalités du moment, mais bien des résultats produits pour l'amélioration finale de la situation matérielle et morale du plus grand nombre des habitants du pays.

A cette première erreur, les économistes en ont ajouté une seconde :

Frappés des inconvénients produits en France, au dix-huitième siècle, par une réglementation excessive du travail et par les entraves apportées à la circulation des produits, ils ont admis que l'harmonie des intérêts se manifestant au sein d'une liberté absolue, suffirait à rendre au travail toute sa puissance, et aux sociétés humaines une paix complète, fondée sur un bien-être universel. Ces vues optimistes montrent que les philosophes du siècle dernier, chez qui le sensualisme dominait malheureusement, ont méconnu la nature humaine. Non, il n'est pas vrai que le bien-être suffise à assurer la paix, parce que l'homme a d'autres besoins que les besoins matériels, et d'autres aspirations que leur satisfaction. Non, il n'est pas vrai que l'homme tende toujours de lui-même vers la pratique du bien, au point qu'il suffise de lui indiquer le but, pour qu'il s'empresse de diriger de ce côté ses efforts.

L'expérience ne démentit que trop ces théories optimistes. Il fut facile de relever des contradictions entre elles et les faits contemporains, en Angleterre surtout. L'homme, abêti par la division du travail, mourant de faim à côté de magasins regorgeant de produits surabondants ; les inégalités sociales et l'antagonisme produits par la liberté, le paupérisme enfin paraissant croître avec la richesse ; voilà ce que des hommes mus, les uns par un sentiment louable de générosité, les autres par une ambition malsaine, s'empressèrent de dénoncer, non sans exagération, à l'opinion publique, et ils conclurent en condamnant l'organisation de la société actuelle, fondée sur la liberté et sur la propriété.

Puis, ne s'arrêtant pas là, ils ont demandé le remède contre les abus, contre les maux dont souffraient les ouvriers, à la plus formidable réglementation placée à l'origine même des sources de la fortune publique, sans se préoccuper de savoir si leurs systèmes n'arrêteraient pas du même coup la production de la richesse, si bien qu'après avoir fait de beaux projets de partage, il ne se trouvât plus rien à partager.

De là sont nées les diverses écoles désignées sous le nom commun de socialistes, car une fois lancés dans la voie de la refonte de la société. les rêveurs orgueilleux dont je parle ont enfanté une foule de systèmes plus bizarres les uns que les autres, mais tous marqués de ce caractère commun : c'est

que, du propre aveu de leurs inventeurs, l'emploi de la force
est nécessaire pour les réaliser, tant ils contrarient la nature
humaine.

Ils ne laissent pas à l'homme la liberté de travailler où il lui
plaît et comme il lui plaît ; ils ont la prétention de le contrain-
dre à travailler dans l'intérêt de la société, et non dans le sien,
puis ils lui enlèvent le produit de son travail pour le répartir
suivant des règles qu'ils ont inventées.

N'est-ce pas là, comme je le disais précédemment, le propre
de l'esclavage ?

En résumé, si les premiers économistes ont oublié que
l'homme est le véritable but de la production de la richesse,
les socialistes, de leur côté, sacrifient la production, et avec
elle l'homme lui-même. Ils prétendent refaire la société en
contrariant tous les penchants de la nature humaine. N'est-ce
pas le comble de l'orgueil ? N'est-ce pas de la folie ? Chez eux,
tout part de la contrainte, tout aboutit à la stérilité, tandis que
dans les vues des économistes la fécondité est le produit d'une
sage liberté, et, nous pouvons l'affirmer hardiment, là est la
vérité.

XII

Seulement, les enseignements des économistes ont besoin
d'être complétés par les lumières de l'Evangile. Il ne suffit
pas, en effet, de prouver, comme l'a fait Bastiat, que les intérêts légitimes sont harmoniques dans le plan de la Providence,
il faut aussi se rappeler que l'homme est constamment entraîné
par ses passions à préférer son intérêt immédiat, celui dont il
voit l'effet, celui qui lui donne une jouissance actuelle, à le
préférer, dis-je, à l'intérêt de la société, qui est sans doute
identique à son intérêt bien entendu, à lui aussi ; mais il ne le
voit pas toujours, ou bien il ne veut pas le voir.

Quand on constate l'harmonie que Dieu a mise dans les lois
sociales comme dans les lois de la nature, quand on entrevoit
les merveilleux effets que pourrait produire leur jeu naturel,
assurément on est saisi d'un optimiste généreux, et on répond
par un élan de reconnaissance à ce que Dieu a fait pour nous
rendre le bonheur si facile. Mais n'est-ce pas une illusion ?

Pouvons-nous oublier que nous portons depuis les jours
d'Adam le fardeau du péché originel, qui vient à chaque instant
détruire ou arrêter les effets de ces lois ?

Si on l'oublie, on fait fausse route ; on compte sur la perfectibilité, mieux encore sur la perfection humaine ; on en conclut que ce n'est pas du côté des hommes, mais du côté de l'organisation sociale que se trouvent les obstacles à combattre pour atteindre le bonheur. On tombe dans le socialisme.

Nous, au contraire, nous prendrons comme un axiome indiscutable, dès le début de l'étude de l'économie politique, le fait de la déchéance originelle ; cette vérité nous aidera à éclaircir bien des points encore obscurs de la science. Elle nous empêchera, en particulier, de nous endormir dans l'optimisme que les socialistes ont, non sans quelque raison, reproché aux économistes.

Nous comprendrons comment le Christianisme seul, en exigeant de nous la lutte contre nos passions, en nous inspirant l'esprit de sacrifice, donne vraiment la solution du problème social, c'est-à-dire comment seul il peut rendre la vie commode et les peuples heureux. Le Christianisme, en effet, fait une obligation du travail, qui enrichit l'individu. Mais il rappelle en même temps à celui-ci que sa fin dernière n'est pas dans l'usage des biens terrestres, même légitimement acquis ; que c'est au contraire s'exposer à compromettre son développement moral que de se laisser aller aux jouissances matérielles.

Dès lors, le vrai chrétien, détaché des biens de ce monde, mais laborieux malgré tout, parce que l'intérêt personnel, fruit de sa nature, n'est pas étouffé en lui, et parce qu'il sait que son devoir est d'obéir à la loi du travail imposée à l'homme dès l'origine du monde, le vrai chrétien, dis-je, se conforme, sans le savoir peut-être, aux préceptes de l'économie politique bien entendue. Il produit beaucoup et il consomme peu pour sa satisfaction personnelle ; il fournit consciencieusement sa carrière en ce monde, les yeux fixés sur ses destinées futures, et du même coup il augmente la richesse de la société, il contribue au bien-être de ses semblables qui, grâce à lui, pourront croître en nombre et remplir la terre, sans être pour cela condamnés à des souffrances ou à des privations qui feraient douter de la justice et de la bonté de la Providence divine.

Quelle magnifique mission pour qui saura la comprendre et surtout pour qui saura la remplir !

LE TRAVAIL

SA NATURE. — SA PUISSANCE. — SES EFFETS

I

Parmi les questions qui forment le domaine de l'économie politique, une des plus importantes est la question du travail. La notion du travail est le fondement même de la science économique, parce que le travail est le fondement de la vie de l'homme sur la terre, et, en cherchant à élucider cette notion, nous aurons naturellement l'occasion de montrer quelle est la méthode, quels sont les procédés d'observation et d'analyse en usage dans la science qui nous occupe pour arriver à la connaissance toujours plus complète de la vérité.

Car la vérité ne s'atteint pas du premier coup; elle est, comme les productions du monde matériel, la récompense du travail, le prix de l'effort. Aussi, tout en n'hésitant pas à signaler ou à redresser les erreurs des économistes qui nous ont précédés, nous devons leur être reconnaissants des services qu'ils nous ont rendus par leurs recherches.

On peut définir le travail : *un effort que fait l'homme dans le but d'obtenir quelque chose d'utile pour lui-même ou pour ses semblables.* Cet effort est l'origine de la valeur qui est attachée à la plupart des objets capables de satisfaire nos besoins. Il est des choses utiles qui ne coûtent aucun effort. Ainsi, l'air que nous respirons, et qui est indispensable à notre existence, se trouve partout; il n'a pas de valeur, parce qu'il ne faut aucun travail pour nous le procurer. J'en dirai autant de l'eau. Partout où elle est en abondance, où elle n'exige aucun effort pour être mise à notre disposition, elle n'a pas de valeur. Mais dans une grande ville, il faut de la peine pour s'en procurer; alors le travail de ceux qui nous l'apportent lui donne une valeur.

La valeur des choses dépend donc uniquement du travail nécessaire pour les obtenir et des services qu'elles nous rendent (1).

Il ne suffit pas de dire que tout travail est un effort; il faut encore, pour qu'il soit du ressort de l'économie politique, que cet effort ait un but utile et produise un résultat utile. Il y a des efforts qui, tout en demandant une grande dépense de force ou d'activité, ne sont point du travail. Comme exemple, je citerai le mouvement d'un écureuil dans sa cage. Toute la journée il s'agite; il fait tourner le tambour dans lequel il est enfermé, mais il ne produit rien. Mettez un homme à la place de l'écureuil : il se donnera de la peine, il ne travaillera pas. Personne ne dira que des enfants qui jouent à courir fassent un travail. Au contraire, celui qui fait de l'exercice dans le but de fortifier ses muscles, afin de les rendre un jour plus capables d'un effort pénible et continu, celui-là travaille, car il n'est pas nécessaire que le produit soit immédiat pour appliquer cette qualification à l'effort actuellement développé.

L'instruction acquise dans l'école, l'apprentissage d'un métier, ne paraissent rien produire d'utile pour le présent; mais ils ont pour effet de rendre plus profitable dans l'avenir le travail de l'enfant devenu homme. C'est donc en réalité un travail, et un travail très-utile.

(1) Avec Frédéric Bastiat, je répudie l'emploi des termes *valeur en usage* et *valeur en échange*, expressions peu intelligibles, traduites mot à mot des termes employés par les auteurs anglais du commencement de ce siècle. La première expression s'appliquait aux objets utiles, mais sans valeur, et qui, par conséquent, ne sont pas susceptibles d'échange. La seconde s'appliquait aux objets dont l'utilité a été mise à notre disposition par un travail quelconque, les seuls, en réalité, qui aient de la valeur.

II

Le travail a pour but de mettre l'utilité des choses à la portée de l'homme. Il s'exerce donc sur les choses matérielles auxquelles l'homme applique ses forces physiques et intellectuelles, surtout la force de son intelligence qui prévoit les besoins, qui détermine les moyens d'y pourvoir, et enfin qui dirige l'effort physique de la manière la plus avantageuse. En ce sens, on a pu dire que l'esprit, plutôt que le corps de l'homme, préside à la création de la richesse. « L'indus-
» trie, dit M. Baudrillard, n'est qu'une série d'opérations par
» lesquelles l'esprit humain refait le monde matériel à sa
» propre image, c'est-à-dire à l'image de l'ordre dont il a l'idée
» en lui, en même temps qu'il le fait servir à la satisfaction de
» ses besoins. »

Pour arriver à son but dans l'appropriation des choses matérielles, l'homme, servi par son intelligence, met en œuvre les forces de la nature et les fait travailler pour lui.

On appelle *forces*, en mécanique, tout ce qui peut produire un mouvement; or, le travail n'est, en dernière analyse, qu'un mouvement imprimé à la matière; car l'homme, par son travail, ne crée pas la matière, il la transforme seulement pour l'approprier à ses besoins, et, si nous analysons bien le phénomène économique de la production de la valeur, nous trouverons que tout se résout en un mouvement appliqué aux choses.

Voulons-nous nous chauffer, il faut aller chercher le charbon dans une mine, le détacher du sol par le mouvement imprimé à la pioche de l'ouvrier, puis le transporter à destination. Il en est de même des moyens employés à nous procurer du pain ou des vêtements. Qu'est-ce que le labourage, la moisson, la mouture du grain, la panification et même la cuisson du pain, sinon un mouvement imprimé à la terre ou à un produit de la terre, soit par la main de l'homme, soit par des animaux, soit enfin par des moteurs inanimés? Et comment fait-on les vêtements? Après avoir ramassé la matière première, laine, soie ou coton, que faut-il pour filer, pour tisser, pour tailler et pour coudre, sinon du mouvement?

Ceci nous explique comment l'homme, grâce à son intelligence, a pu chercher dans la nature des forces qui vinssent en aide à sa force corporelle pour produire du mouvement à son profit.

Dès lors sa part d'effort diminuera jusqu'à ce qu'elle soit réduite à la direction à imprimer aux forces naturelles dont il aura su s'emparer, ou bien encore, grâce à elles, le produit de son travail sera considérablement accru et amélioré.

III

Les forces auxquelles l'homme a eu recours pour l'aider dans son travail ont toutes leur source dans un principe unique : c'est la chaleur. On démontre en mécanique que tout mouvement exige une absorption de chaleur; on a même pu noter l'abaissement de température qui correspond à l'effort produit par un homme pour élever un fardeau, abaissement de température du même ordre que l'absorption de chaleur correspondant à la consommation de charbon dans une machine à vapeur.

Or, les forces naturelles qui agissent sous l'action de la chaleur sont la puissance de germination de la terre, le vent, la pesanteur de l'eau, la vapeur, enfin les animaux et l'homme lui-même.

Tout le monde est bien d'accord que c'est la chaleur déversée par le soleil sur la terre qui développe la végétation, qui déplace les courants d'air avec une violence extrême, qui élève l'eau vaporisée à la surface des mers pour la déposer au sommet des montagnes, d'où elle descend en cascades puissantes ; tout le monde sait que la vapeur d'eau enfin, dont on fait aujourd'hui un si grand usage, n'est autre chose que le véhicule de la chaleur solaire condensée depuis des milliers d'années dans le charbon de terre, fruit de la végétation des temps géologiques.

Mais j'ajouterai que les animaux et l'homme lui-même empruntent leur force corporelle à la même source. Que faut-il, en effet, pour entretenir notre activité physique? Il nous faut de la nourriture, et il nous en faut d'autant plus que nous dépensons plus d'effort, que nous faisons plus de mouvement. Cette nourriture, ce sont les produits végétaux ou bien la chair d'animaux, qui ne s'est, en définitive, développée elle-même que grâce à l'absorption des fruits de la terre, éclos sous l'action de là chaleur solaire.

Et si nous allions plus loin encore, nous pourrions dire en

toute vérité que la chaleur solaire a pour résultat de transformer, sous l'influence d'un germe primitif, les éléments de la
matière minérale du sol, c'est-à-dire le limon de la terre, en
un végétal susceptible d'être assimilé par les animaux, puis
par l'homme lui-même, qui s'en nourrit, soit directement, soit
par l'intermédiaire de la chair des animaux (1).

Il résulte de ce qui précède que si on ne peut dénier à
l'homme la propriété de sa personnalité, de son âme, de ses
organes corporels, on ne peut non plus lui refuser la propriété
du produit de son travail, de l'objet matériel auquel il a consa-
cré ses efforts pour l'approprier à ses besoins ; car, comme
nous venons de le dire, ce qui a donné à l'objet sa valeur, c'est
le mouvement nécessaire pour le transformer, et l'homme y a
employé sa chaleur, y a dépensé sa substance ; ou bien, grâce
à son intelligence, il a su appeler à son aide la force d'un animal qu'il a dressé et qu'il dirige dans ce but; ou bien encore,
il a travaillé d'une autre façon pour se procurer l'aide de la
chute d'eau, de la vapeur. En un mot, il a employé ses efforts
pour s'emparer des sources de la chaleur destinées à produire
la transformation qu'il avait en vue. Donc, au point de départ
de toute création de valeur, on retrouve la dépense de la personne humaine.

Le produit du travail est donc sacré, comme la personne
elle-même. Je ne connais pas de meilleure justification de la
propriété individuelle, qui forme le fondement des sociétés
chrétiennes (2).

L'économie politique conclut ainsi à la prohibition de l'esclavage et à la négation du socialisme, aussi longtemps qu'on
reconnaîtra l'existence de la personnalité humaine.

IV

Après avoir constaté que le travail exige un effort, il ne
faut pas confondre l'effort avec le résultat, le moyen avec le

(1) Aussi, nous pouvons dire que le corps de l'homme, aujourd'hui comme
au premier jour de la création, n'est pas formé d'autre chose que du limon de
la terre.

(2) Il n'est question ici que de la propriété des objets transformés par notre
travail, de manière à satisfaire nos besoins, quels qu'ils soient : ce qu'on pourrait appeler la *propriété mobilière*. Quant à la *propriété foncière*, possession du
sol, individuelle, exclusive et transmissible, suivant la volonté du propriétaire, par donation ou par héritage, elle a aussi son origine dans le travail de
l'homme; mais elle comporte des notions complexes, et cette question spéciale
exigerait, pour être bien comprise, des développements considérables.

but, la peine avec la récompense. Parce que la richesse provient du travail, il ne faut pas conclure qu'une nation sera d'autant plus riche qu'elle aura plus de travail à faire, c'est-à-dire d'autant plus riche qu'elle trouvera plus d'obstacles à satisfaire ses besoins.

Si on admettait un pareil principe, on arriverait à des énormités qu'on a souvent citées, et devant lesquelles ne reculait pas M. de Saint-Chamans. Cet auteur, en effet, bénissait les obstacles que la cherté du combustible oppose en France à la multiplicité des machines à vapeur, et supputait la quantité de nouveaux revenus créés par la nécessité de rebâtir la ville de Londres après le fameux incendie de 1666, qui en consuma les deux tiers (1).

Alors il faudrait proposer de brûler Paris pour enrichir la France. Quelle quantité de travail n'aurait-on point mise ainsi à la disposition des ouvriers ? Sous cette forme, la proposition est choquante; mais on retrouve ce même sophisme dans bien des préjugés économiques contre lesquels il faut lutter sans cesse.

Plusieurs de ces préjugés ont été réfutés avec beaucoup de verve dans un petit volume de Bastiat intitulé : *Sophismes économiques*, dont la lecture est des plus profitables pour les personnes qui commencent l'étude de l'économie politique. Quelques-uns se sont reproduits de nos jours, sous de nouvelles formes. Il y a quelques années, au moment où la manie de démolir à Paris était devenue une véritable fureur, nous avons entendu soutenir que la démolition de tant de maisons était une source d'augmentation de la richesse publique. On voyait l'enrichissement des spéculateurs, le prix élevé atteint par des terrains auparavant presque sans valeur; mais ce qu'on ne voulait pas voir et ce que nous n'avons que trop bien vu depuis, c'est l'augmentation des impôts qui en a été la conséquence, et finalement la cherté croissante des choses nécessaires à la vie, sans une augmentation corrélative des produits utiles; en somme, l'appauvrissement du pays.

Je n'ai pas besoin de dire que, quand les conditions de salubrité ou les nécessités de la circulation exigent l'ouverture de rues nouvelles, les démolitions de maisons peuvent être parfaitement justifiées; mais ériger en principe que, par suite de certains déplacements d'industrie ou de valeur, résultat de la

____

(1) Voir les *Harmonies économiques* de Frédéric Bastiat, p. 175 et 177.

destruction des valeurs existant antérieureurement, on a enrichi le pays, c'est une erreur, c'est faire dé l'économie politique à rebours.

V

Jusqu'ici, en examinant la nature du travail, nous avons considéré l'homme seul en face de ses besoins, en face des matières premières auxquelles il doit imprimer les modifications nécessaires pour s'en servir. Mais nous ne devons pas oublier un des axiomes fondamentaux de la science économique, c'est que l'homme est en société. Quelle est la conséquence de ce principe sur le phénomène du travail, sur le but que nous poursuivons, à savoir : augmenter le plus possible, pour un même effort, la somme de nos satisfactions personnelles, et fournir des moyens d'existence à un plus grand nombre d'hommes sur la terre?

On atteint ce but, comme nous l'avons déjà dit, par un emploi judicieux des instruments de travail, par un emploi toujours plus large des forces naturelles et des machines. En cela, l'intelligence individuelle joue un rôle considérable; mais on l'atteint plus sûrement encore par la division du travail, rendue possible par le fait de l'existence des hommes en société.

Il y a longtemps que l'observation en a été faite; car on lit dans Xénophon (1) ces lignes significatives et éminemment vraies :

« Il est impossible que l'ouvrier qui s'occupe de beaucoup de
» choses réussisse à toutes également; au contraire, dans les
» grandes villes, où une multitude d'habitants ont les mêmes
» besoins, un seul métier suffit pour nourrir un artisan. Tel
» cordonnier ne chausse que les hommes, tel autre les fem-
» mes. Entre les tailleurs, celui-ci coupe l'étoffe, celui-là ne
» fait qu'assembler les parties. Nécessairement, l'homme dont
» le travail est borné à une seule espèce d'ouvrage y excel-
» lera. »

En effet, grâce à la division du travail, l'homme arrive à des résultats en apparence disproportionnés avec l'effort qu'il produit.

Adam Smith, qui a le premier signalé méthodiquement cet avantage de l'association des efforts en vue d'un but déterminé,

(1) *Cyropédie*, l. VIII, ch. II.

Adam Smith a cité des exemples devenus classiques, entre autres celui de la fabrication des épingles.

De son temps, dix ouvriers faisaient par jour 48 milliers d'épingles, soit 4,800 chacun; tandis que si un seul avait dû dresser le fil, le couper, faire la pointe, faire la tête, blanchir et mettre en paquets, il aurait eu de la peine à achever une vingtaine d'épingles, c'est-à-dire qu'il aurait obtenu un résultat deux cents fois moindre, ou, ce qui est la même chose, les épingles auraient coûté deux cents fois plus cher.

Sans insister sur ces exemples, qu'on pourrait multiplier à l'infini, il est facile de se rendre compte des causes qui donnent tant de puissance de production à la division du travail. C'est d'abord l'économie du temps que l'ouvrier isolé perd à passer d'une occupation ou d'un lieu à un autre; c'est la dextérité, résultat de l'habitude prise par le corps de répéter la même opération; c'est enfin les simplifications, les découvertes introduites dans l'industrie par les ouvriers, dont l'attention est toujours appelée dans la même direction.

On doit ajouter encore que, grâce à cette division, on peut utiliser le travail de personnes faibles ou peu intelligentes, de femmes, d'enfants, de vieillards, qui seraient peu propres à une tâche rude et compliquée. Enfin, en réduisant plusieurs opérations partielles à un mouvement simple et souvent répété, elle facilite l'emploi des outils et des machines, et nous verrons que l'application toujours plus large des machines est un véritable bienfait pour l'espèce humaine, un des moyens les plus sûrs pour elle de remplir sa mission et de dominer la terre.

La division du travail ne se remarque pas seulement dans la fabrication d'un objet; elle est la loi de la répartition des fonctions sociales dans les diverses professions. Celui qui cultive le blé ne le transporte pas au loin; un autre le moud; un autre encore vend la farine au boulanger. C'est au moyen de cette subdivision des professions que les produits arrivent plus facilement et à meilleur marché à la portée des consommateurs.

Combien ne faudrait-il pas d'années à un seul homme pour terminer un habit de drap, s'il était chargé de faire toutes les opérations nécessaires, en admettant même qu'il s'en trouvât un seul assez habile pour cela? Nous aurions peine à énumérer toutes les professions qui ont concouru à ce résultat merveilleux, dont nous profitons sans y penser, et qui devrait cependant éveiller chaque jour chez nous des sentiments de reconnaissance envers Dieu, qui a organisé la société telle qu'elle est.

VI

Enfin, la division du travail est une loi à laquelle la nature est soumise elle-même par la diversité des climats, qui entraîne la diversité des végétaux et des fruits. La France a du vin, la Russie du chanvre et du goudron, l'Espagne de la laine, etc. S'il est préférable pour un cordonnier d'acheter ses meubles chez son voisin l'ébéniste, de même la Russie ne doit pas chercher à faire du vin dans ses steppes, ni la France du goudron avec ses vignes; ces deux nations agiraient au rebours de leurs intérêts.

Le sens commun indique donc l'échange entre les individus et l'échange entre les nations, comme une des nécessités du développement du travail, comme un des moyens les plus sûrs d'obtenir le plus de résultats utiles avec le moins d'effort possible.

L'échange entre les individus ne peut se faire en général immédiatement, soit qu'une distance trop grande les sépare, soit que les produits de leur travail ne doivent pas être consommés de suite. De là naît le commerce; de là naissent les professions intermédiaires qu'il est de mode, dans les doctrines socialistes, de dénoncer comme des parasites qui ne servent à rien qu'à s'engraisser des sueurs du peuple, en s'interposant entre le producteur et le consommateur.

Nous nous tiendrons en garde contre de pareilles erreurs. Là aussi la division du travail produit des résultats avantageux, si on n'en abuse pas. Le négociant sait mieux que personne où il trouvera les meilleures matières premières au meilleur marché; il sait quels sont les moyens de transport les plus rapides, les plus économiques; il sait mieux conserver des produits avec lesquels il est familiarisé, il les préserve des avaries; enfin il économise du temps à celui qui voudrait faire lui-même ces diverses opérations, et qui les ferait moins bien que l'intermédiaire.

Pour tous ces services rendus, celui-ci se fait payer, et c'est justice. Il joue un rôle utile, quoi qu'on puisse dire, et c'est précisément parce qu'il rend service qu'on s'adresse à lui; sans cela, on le délaisserait.

VII

Mais, à côté des avantages que nous venons d'énumérer, la division du travail ne peut-elle pas présenter des inconvénients? Malheureusement oui, et il en est trop souvent ainsi dans toutes les choses de ce monde; les meilleures sont susceptibles de donner lieu à des abus. De là des déclamations trop communes. On a dénoncé la division du travail comme une cause de ruine morale et de misère matérielle pour les ouvriers. « Triste témoignage à se rendre, a-t-on dit, que d'avoir passé toute sa vie à faire la dix-huitième partie d'une épingle! » Comme s'il n'y avait pas dans l'homme autre chose que le corps qui travaille! Est-ce que cet homme, qui gagne sa vie à la sueur de son front, ne réfléchit pas à son travail? Est-ce qu'il n'a pas une âme à sauver? Est-ce qu'il n'a pas une famille à aimer?

Cette objection, toute matérialiste, n'a donc pas de valeur pour qui veut bien se souvenir de ce qui fait la véritable grandeur de l'homme. Mais on la comprend de la part des philanthropes anglais, indignés des tendances de certains de leurs compatriotes qui, volontiers, ne verraient que des machines dans leurs ouvriers.

N'est-ce pas le cas de ce patron que M. Le Play, dans *les Ouvriers européens*, dit avoir renvoyé un fort bon ouvrier parce que sa femme avait monté un petit commerce d'épicerie? Toute pensée autre que celle de la fabrique semblait à ce patron un vol qui lui était fait. On ne peut méconnaître plus complétement la nature humaine qui a besoin de variété dans les occupations, de même que la variété dans l'alimentation est nécessaire à la santé du corps.

Un mal plus sérieux produit par la division du travail, a été l'abus de l'emploi des enfants et des femmes dans les manufactures. Ici la morale est intervenue et a réclamé contre un pareil moyen d'obtenir un abaissement dans le prix de revient des produits. Et l'économie politique est venue appuyer la morale, et demander une règlementation du travail au nom de l'intérêt général de la société; elle a demandé, malgré ses préférences avouées pour la liberté du travail et pour l'économie de la fabrication, elle a demandé que l'intérêt privé fût contraint de s'abstenir de procédés qui ruineraient la santé des générations futures, qui détruiraient la moralité dans les familles, qui, en un mot, compromettraient l'avenir même de l'industrie, après avoir semblé la favoriser dans le moment actuel. Elle a réuni des statistiques, commenté les observations impartiales et, d'accord avec la morale, dénoncé le danger.

Dans tous les phénomènes économiques, après avoir étudié ce qu'on voit, il faut se rendre compte de ce qu'on ne voit pas; et c'est alors que l'économie politique, ne se contentant pas des affirmations des intérêts privés, rend des services à la société en redressant des préjugés, en provoquant des réformes.

VIII

Dégagée de ses abus, la division du travail est donc un mécanisme dont nous devons signaler les bienfaits, en montrant les merveilles de promptitude et de bon marché qu'il permet de réaliser, mais nous devons bénir surtout cette loi spontanée, nécessaire, universelle, qui fait éclater dans le monde entier un des plus beaux desseins de la Providence.

La conséquence forcée de la division du travail est, comme nous l'avons dit, l'échange. Grâce à elle, le monde entier devient un vaste atelier, une vaste association, une vaste famille, dans laquelle chacun travaille incessamment pour le bien de tous.

Pour montrer ce que chacun de nous gagne à la division du travail et à l'échange, je ne puis mieux faire que de citer un exemple emprunté à Bastiat (1).

Prenons, dit-il, un menuisier de village, et observons tous les services qu'il rend à la société et tous ceux qu'il en reçoit; nous ne tarderons pas à être frappés de l'énorme disproportion apparente.

Cet homme passe sa journée à raboter les planches, à fabriquer des tables et des armoires; peut-être se plaint-il de sa condition, et cependant que reçoit-il, en réalité, de la société en échange de son travail?

D'abord, tous les jours, en se levant, il s'habille, et il n'a personnellement fait aucune des nombreuses pièces de son vêtement. Or, pour que ces vêtements, tout simples qu'ils sont, soient à sa disposition, il faut qu'une énorme quantité de travail, d'industrie, de transports, d'inventions ingénieuses ait été accomplie.

Il faut que des Américains aient produit du coton, des Indiens de l'indigo, des Français de la laine et du lin, que tous ces matériaux aient été transportés, ouvrés, filés, tissés, teints, etc.

Ensuite il déjeune. Pour que le pain qu'il mange lui arrive tous les matins, il faut que des terres aient été défrichées, labourées, ensemencées; il faut que les récoltes aient été préservées du pillage; il faut que

(1) *Harmonies économiques*, p. 17 et 18.

le froment ait été récolté, broyé, pétri et préparé. Il faut que le fer, l'acier, le bois, la pierre aient été convertis, par le travail, en instruments de travail, toutes choses dont chacune, prise isolément, suppose une masse incalculable de travail mise en jeu non-seulement dans l'espace, mais dans le temps.

Cet homme enverra son fils à l'école pour y recevoir une instruction qui, si bornée qu'elle soit, n'en suppose pas moins des recherches, des connaissances dont l'imagination est effrayée.

Il sort, il trouve une rue pavée et éclairée.

Il va à l'église : elle est un monument prodigieux, et le livre qu'il y porte est un monument plus prodigieux encore de l'intelligence humaine...

Il est impossible de n'être pas frappé de la disproportion véritablement incommensurable qui existe entre les satisfactions que cet homme puise dans la société, et celles qu'il pourrait se donner s'il était réduit à ses propres forces.

J'ose dire que, dans une seule journée, il consomme des choses qu'il ne pourrait produire lui-même dans dix siècles. Et si l'on regarde les choses de près, on s'aperçoit que ce menuisier a payé en services, tous les services qui lui ont été rendus. S'il tenait ses comptes avec une rigoureuse exactitude, on se convaincrait qu'il n'a rien reçu sans le payer au moyen de sa modeste industrie.

Chacun de nous, comme ce menuisier, profite des travaux de l'humanité, des conquêtes des générations qui nous ont précédés, et reçoit en quelque façon de ses communications avec ses semblables le don d'ubiquité, de perpétuité et d'universalité.

IX

Ainsi se trouve contredit, par la pratique de la vie, le dicton si antichrétien, mais enraciné dans tant d'esprits, que ce qui fait le profit de l'un est le dommage de l'autre. Car, quand l'échange est libre, il se fait sous l'impulsion du sentiment que chacun de ceux qui prennent part à cette opération a intérêt à la faire.

Ce qu'il y a de plus remarquable, en effet, c'est que le mécanisme social que je viens d'exposer est entièrement libre, qu'il échappe à toute intervention d'une autorité supérieure parmi les hommes.

Quel potentat, par exemple, pourrait réaliser la confection d'une cravate de soie, par la contrainte, aussi simplement, aussi économiquement qu'elle s'obtient sous l'impulsion des forces sociales naturelles ?

Pourrait-il commander au Japonais d'élever le ver à soie ? aux marins chinois ou anglais de transporter la soie ? au teinturier français de la teindre ? à l'ouvrier lyonnais de la tis-

ser? etc. Qui donc aurait cette puissance de se faire obéir partout à la fois, avec cet empressement, cette ponctualité, et tout
cela pour un prix minime?

Dieu seul, en organisant les sociétés humaines, a pu rendre
possibles ces prodiges. Il a donné à chacun de nous l'intérêt
personnel, et il s'est trouvé que les peuples étrangers, les plus
sauvages même, ont eu intérêt à travailler, à récolter les produits de leurs forêts, à les apporter sur la côte à des marchands
qui leur ont donné en échange de quoi satisfaire leurs besoins
et aussi, il faut le dire, hélas! leurs passions.

Et les marchands ont eu également intérêt à mettre ces produits à la disposition d'industriels qui se sont chargés de les
élaborer. Et ainsi, d'un bout du monde à l'autre, sans aucune
contrainte, on voit concourir toutes les volontés à la réalisation
du plus mince objet!

Sur un théâtre moins étendu, dans l'enceinte d'une ville,
l'observation nous montre encore la puissance féconde d'organisation due à l'intérêt privé, laissé libre de s'appliquer à satisfaire les besoins les plus complexes d'une nation.

Ne serait-ce pas une tâche ardue que de prétendre assurer
des moyens de subsistance à la population d'une grande ville,
qui ne produit aucun des objets nécessaires pour son alimentation? Qui calculera ce qu'il faut chaque jour à toutes ces
bouches, dont les exigences sont aussi variées que les conditions d'âge, de tempérament, de prefessions et de fortune? Quel
administrateur saura tout prévoir, pour faire arriver en temps
utile ce dont ce peuple a besoin?

On se rappelle les terreurs des empereurs romains, ces administrateurs par excellence, quand la flotte qui devait apporter
le blé destiné au peuple de Rome n'était pas annoncée. Leur
pouvoir était ébranlé, leur vie menacée, parce qu'ils avaient
assumé une tâche au-dessus de leurs forces, celle de fournir du
blé aux habitants d'une seule ville.

Au contraire, de nos jours, voyez des villes colossales comme
Paris et Londres. Le commerce est libre, l'autorité ne veille
pas aux approvisionnements, n'a pas la prétention de calculer
ce qu'il faudra chaque jour pour suffire aux exigences des habitants; et cependant, chaque jour, avec une régularité mathé-
matique, les marchés se garnissent et se vident sans aucun em-
barras pour les pouvoirs publics.

X

Si l'échange de produits et de services entre les individus est si utile, si fécond, doit-on le limiter, l'entraver, quand les individus sont de nationalité différente?

Ici se dresse devant nous la grosse question du *libre échange.* Je devrais dire plutôt qu'elle se dressait autrefois; car les économistes qui ont plaidé avec persévérance pendant bien des années la cause du libre échange, ont gagné leur procès.

Cette question passionnait les partis politiques, il y a trente ans; les intérêts privés, qui profitaient d'un état de choses différent, se sentant menacés obscurcissaient les notions économiques les plus élémentaires, et donnaient malheureusement le change à l'opinion publique trop peu éclairée. A cette époque être libre échangiste, c'était, aux yeux de certaines personnes, être un révolutionnaire de la pire espèce. Nous n'en sommes plus là aujourd'hui et nous devons nous en féliciter.

Que doit-on entendre par libre échange? C'est la liberté assurée par le gouvernement aux habitants du pays de vendre leurs produits partout où ils trouvent avantage à le faire, et d'acheter au contraire les objets dont ils ont besoin dans toute contrée qui les leur offre au meilleur marché. Les adversaires du libre échange, tout en reconnaissant que les conditions naturelles procurent des avantages spéciaux à certaines contrées, prétendaient se substituer à la Providence qui a ainsi réglé les choses. Ils voulaient, dans l'intérêt, disaient-ils, de l'industrie de leur pays, empêcher les produits étrangers de venir faire concurrence à ceux de leur patrie. Pour cela, il fallait prohiber l'importation d'objets qui sans cela seraient venus faciliter l'existence de leurs compatriotes. Tel est le système qu'on a désigné longtemps sous le nom de *prohibitionisme* ou de *protectionisme.*

Ce système est né de plusieurs erreurs qui se sont perpétuées jusqu'à nos jours. La première, c'est qu'un pays est d'autant plus riche qu'il a plus de travail à faire; c'est la *théorie de l'obstacle.* Nous l'avons déjà réfutée en exposant les assertions de M. de Saint-Chamans.

La seconde erreur, c'est qu'un pays est d'autant plus riche qu'il importe moins de marchandises du dehors; car, disait-on, plus il importe, plus il doit payer, et sa richesse en monnaie métallique diminue d'autant; et l'on croyait que la richesse consistait essentiellement dans la possession des métaux précieux. C'est ce qu'on a appelé le *système mercantile* ou la *théorie de la balance du commerce*. La grande préoccupation des hommes d'Etat du seizième et du dix-septième siècle, sous l'influence de cette théorie, était de grossir l'exportation et de diminuer ou d'anéantir s'ils le pouvaient l'importation des marchandises étrangères.

Les économistes ont démontré facilement, par l'observation des grandes agences commerciales du monde, que, sauf des circonstances tout à fait exceptionnelles, les produits s'échangent contre des produits et que ce serait une illusion de croire qu'une nation pourrait indéfiniment échanger des produits contre de l'argent. Elle se condamnerait promptement à être dans la situation de ce roi de la Fable qui changeait en or tout ce qu'il touchait. Et d'ailleurs, les peuples voisins, avec qui elle ferait affaire, auraient bientôt épuisé leur réserve métallique et seraient incapables de continuer à recevoir les produits de l'industrie de cette nation malavisée.

Enfin, une troisième erreur fort répandue jusqu'à la fin du siècle dernier, a consisté à croire qu'il était de l'intérêt d'une nation d'avoir des colonies, non point pour provoquer l'émigration du trop plein de la population et pour envoyer de jeunes essaims à la conquête pacifique de la terre encore inhabitée, et par là rehausser la gloire de leur patrie et contribuer à sa prospérité; mais il fallait avoir des colonies qui, comme des serfs, seraient tenues de travailler exclusivement pour la mère patrie et de consommer uniquement ses produits.

C'est ce que l'on a appelé le *système colonial*.

Les économistes ont protesté contre cet abus, et ils peuvent montrer aujourd'hui, à l'appui de leur thèse, d'une part le brillant essor des colonies anglaises, où le système colonial a été abandonné depuis le commencement de ce siècle (après avoir été cause de la séparation des Etats-Unis) et d'autre part le déplorable état des colonies espagnoles, où ce système a été appliqué avec la plus extrême rigueur.

Mais quand une fois de pareilles erreurs se sont implantées dans un pays et quand elles ont produit leurs conséquences habituelles, c'est-à-dire l'apparition d'industries artificielles qui ne vivent que de ces erreurs, on ne peut les faire disparaître sans froisser des intérêts privés, et ces intérêts ne désarment pas sans une longue résistance.

Ils sont bruyants, actifs, tandis que les consommateurs, passifs de leur nature, ne font entendre aucune réclamation quoiqu'ils soient sacrifiés. De là est venue la prédominance du pro-tectionisme en France pendant près de trois quarts de siècle.

Car il ne faut pas croire que le libre échange soit une nouveauté. A la veille de la Révolution française, un ministre éminent de l'ancienne monarchie, M. de Vergennes, l'imposait en termes élevés à l'Angleterre par le traité de commerce de 1786 (1).

Mais les excès de la révolution de 1789, les guerres de l'Empire et le blocus continental allaient rejeter bien loin ces doctrines fécondes, et, par une singulière destinée des choses, nous voyons plusieurs mesures libérales de l'ancien régime sombrer dans la tempête de 1789; aujourd'hui, pour les faire revivre, il faut dissiper les préjugés publics, les défiances des hommes d'Etat, comme si la prospérité de la France avait été attachée de tout temps aux mesures contraires qui sont d'origine bien récente cependant. C'est ainsi que la cause de la liberté du commerce de la boulangerie, celle du libre échange, de la liberté de l'enseignement secondaire, puis de l'enseignement supérieur, ont dû être péniblement gagnées contre la taxe du pain et de la viande, contre le régime prohibitif et contre le monopole universitaire, qui datent seulement des dix premières années de ce siècle (2).

XI

Les économistes, il faut bien le remarquer, n'ont pas pour objectif, en demandant le libre échange, de réclamer l'abolition des douanes comme moyen fiscal.

Les droits de douane peuvent être et doivent être un impôt, destiné à faire face, comme tous les autres, aux charges publiques. Il est, sous cette forme, éminemment juste, et il serait au contraire injuste qu'un marchand de fer de Suède qui n'aura payé aucun impôt pour fabriquer son fer, qui jouira de la sécurité que lui accorde la loi française pour placer son produit, il serait injuste qu'il ne payât pour cela aucun droit.

Assurément il vaudrait mieux que ce droit ne fût pas néces-

(1) M. de Buteuval a pu dire avec vérité : « *La doctrine de la liberté commerciale est la vieille doctrine française; celle de la restriction et de l'exclusoin est anglaise d'origine comme de pratique.* »
(Voir le *Journal des économistes*, juin 1872 et novembre 1872, p. 173.)

(2) Je ne parle pas ici du partage forcé dans les successions en ligne directe tant nous sommes encore loin de la liberté testamentaire.

saire; alors nous aussi, habitants ou industriels français, nous ne payerions pas d'impôt. Ce serait l'âge d'or, mais qui ne sait qu'il est bien loin de nous!

Les économistes ne rejettent pas non plus les mesures propres à faire naître ou à développer dans une nation des cultures ou des industries nécessaires à la défense de la patrie, ou de nature à fournir un aliment utile à l'activité de la population.

Une société est un tout organique qui doit posséder en soi ce qui est nécessaire à sa vie collective; elle ne saurait, sous prétexte d'accroître les jouissances matérielles de quelques-uns de ses membres, renoncer à ce qui est une condition d'accomplissement de sa destinée.

Le principe de la solidarité nationale peut donc apporter quelquefois certaines restrictions à l'application absolue du principe du libre échange (1).

De savoir ce que tel ou tel pays peut, à un moment donné, supporter de liberté commerciale, c'est une question de fait, qui ne doit être résolue que par un examen détaillé de la vie industrielle de chaque pays en particulier.

C'est ce que justifie la solution, adoptée jusqu'ici, des traités de commerce. Ces traités réservent l'application de droits de douane plus ou moins élevés pour empêcher certaines industies de succomber par suite de changements brusques dans le régime auquel seraient soumis leurs produits.

Ce système prélève en définitive une prime sur tous les consommateurs de ces produits. C'est un mode particulier de fournir une subvention aux industries en question.

C'est un sacrifice que l'on demande aujourd'hui à la société en vue d'un profit qu'elle recevra plus tard. Les nations qui vivent dans l'avenir autant que dans le présent, ont souvent à faire des sacrifices de ce genre.

Au lieu de la subvention déguisée, qui consiste à assurer l'élévation des prix par les droits protecteurs, au risque de graves mécomptes, on pourrait allouer franchement une subvention en argent, comme l'avait proposé M. de Vergennes au siècle dernier, ou fonder, comme Colbert, des manufactures royales. On sait alors ce que l'on fait, on mesure les bénéfices à espérer aux charges qu'on s'impose, au lieu de dissimuler

---

(1) Voir à ce sujet un passage d'une leçon faite au Collége de France, par M. Michel Chevalier, cité par Ch. Périn, *De la richesse dans les sociétés chrétiennes*, p. 436.

l'intervention du gouvernement et de provoquer quelquefois maladroitement l'éclosion d'industries accessoires mal assises qui deviennent de jour en jour plus exigeantes dans les demandes de protection.

C'est le parti de la subvention qui a été adopté en France pour une industrie qui a eu quelque peine à s'acclimater, je veux parler de l'industrie des chemins de fer. On aurait pu, pour la stimuler, lui accorder le droit de percevoir des tarifs élevés, en apparence plus rémunérateurs, et réduire au minimum les charges imposées aux concessionnaires. On a préféré, en venant à leur aide, augmenter les charges et diminuer les tarifs.

Personne ne peut dire qu'on ait eu tort. L'événement montre au contraire qu'on ne s'en est mal trouvé dans notre pays.

Mais on ne peut méconnaître ce qu'a de dangereux, de difficile, d'arbitraire même, dans un cas comme dans l'autre, la désignation des industries qu'il faut soutenir ou faire naître et l'appréciation de la mesure dans laquelle il convient de les aider.

Aussi est-il à souhaiter qu'on se rapproche de plus en plus de la solution la plus franche, la plus simple, celle qui ne demande à la douane qu'un impôt. Pour que cet impôt rende le plus possible, il ne faut pas que les taxes soient trop élevées, et du même coup on supprime une industrie peu morale, école de vice et de brigandage, je veux dire la contrebande. N'est-ce pas un bénéfice considérable pour la société?

Dans tous les cas, ce que la justice et la saine politique n'admettront jamais, c'est que, sous prétexte de développer le travail national, on accorde à perpétuité à certaines industries une protection qui constituerait un privilége, à l'ombre duquel ces industries pourraient s'enfermer dans une routine fructueuse pour elles malgré leur paresse, mais très-désavantageuse pour la société.

XII

Après avoir exposé la nature du travail, les moyens qui nous servent à accroître sa puissance, après avoir reconnu quelles sont ses conséquences pour la vie des individus comme pour celles des nations, il ne nous reste plus qu'à jeter un coup d'œil en arrière sur l'histoire des doctrines économiques. Nous verrons comment la notion du travail a été élucidée peu à peu, comment elle a été successivement dégagée d'erreurs provenant d'analyses incomplètes ou d'observations insuffisantes. Malheureusement l'erreur est tenace, et, si elle a été écartée de la doctrine économique, nous souffrons encore dans la pratique de l'influence qu'elle a exercée sur nos idées ou sur nos institutions.

Les premiers économistes, ceux qu'on a appelés les *physiocrates*, pensaient avec Quesnay leur maître, au milieu du dix-huitième siècle, que la terre est la seule source de la richesse; ils n'accordaient le titre de production qu'à une seule catégorie d'industrie, à l'agriculture. Les autres étaient des professions stériles ou improductives. Les physiocrates ne tenaient pas compte de l'augmentation de valeur donnée aux produits de la terre par le travail, le transport, le commerce en général. Ne trouvons-nous pas comme un écho de cette assertion erronée dans la manière dont les socialistes traitent les intermédiaires? On les appelle des *parasites*. Ne peut-on pas faire remonter la responsabilité de cette épithète malsonnante aux physiocrates?

Plus tard est venu Adam Smith, qui a considéré le travail comme une cause d'augmentation de valeur des produits matériels, mais, préoccupé de ce qui se passait sous ses yeux en Angleterre, il n'a guère eu en vue que le travail de l'industrie, et il a conservé dans ses études la catégorie des classes stériles ou improductives (ce sont celles qui ne travaillent pas de leurs mains); appellation dangereuse, dont se sont encore emparés les socialistes. A les en croire dans leurs revendications, il n'y a qu'un travailleur, celui qui travaille de ses mains. Pour eux, tous les autres sont des oisifs. Peu leur importe le travail de l'intelligence, et cependant, nous l'avons dit, c'est elle qui donne au travail manuel son véritable caractère, sa moralité et sa puissance.

Puis Jean-Baptiste Say, à son tour, analysant le phénomène de la production a bien vu le rôle de l'intelligence et la part nécessaire des professions libérales dans l'accroissement de la richesse publique; mais, dominé par les souvenirs de l'école sensualiste, il a employé un mot malheureux pour définir l'œuvre accomplie par ces professions.

Il a appelé *produits immatériels* les moyens employés pour donner satisfaction à nos besoins intellectuels et moraux : tels que l'enseignement, la prédication, etc.

Ses disciples ont été encore plus loin et ont ouvert la voie aux matérialistes, qui voudraient confondre les manifestations de l'âme avec les produits de l'activité du corps.

Chaque pas que nous faisons nous rapproche de la vérité, mais aussi, à chaque pas, les conséquences pratiques des spéculations économiques erronées ne tardent pas à se montrer; ceci prouve avec quel soin il faut élucider tout ce qui se rapporte aux principes de la science, combien il importe qu'un esprit philosophique éclairé préside aux définitions et aux classifications, si l'on ne veut se heurter à bien des écueils.

Nous préférons, quant à nous, voir avec Bastiat, dans l'échange de services, le point de départ de la valeur résultant du travail. Les services peuvent s'appliquer à satisfaire les besoins de l'âme aussi bien que les besoins du corps, et ils ressortent de l'économie politique, toutes les fois qu'ils peuvent donner lieu à une rémunération, c'est-à-dire à un échange, ou bien toutes les fois qu'ils influent sur la direction donnée à la production ou à la consommation de la richesse.

C'est dans ces conditions que la leçon du professeur, que le sermon du prêtre rentrent par un certain côté dans le domaine économique. L'un et l'autre reçoivent une rémunération pour leur peine. Ils rendent, d'autre part, des services économiques à la société et aux individus, en leur enseignant soit le meilleur moyen de produire la richesse, soit le meilleur moyen de la bien employer, et à ce titre, l'économie politique les réclame.

Ainsi nul n'est oisif, nul n'est improductif, qui rend des services à ses semblables; tout effort, toute peine prise dans ce but, est réellement un travail; il n'y a point de distinction à faire, si ce n'est dans la mesure du dévouement de chacun à l'œuvre du bien-être général, à l'œuvre de l'amélioration sociale.

L'ÉPARGNE ET LE CAPITAL

I

Nous avons vu que, par une loi providentiélle, le travail intelligent de l'homme, aidé par la division des fonctions, fécondé par l'association, donne des résultats dépassant de beaucoup ce qui est nécessaire pour la satisfaction légitime de nos besoins ordinaires.

Ces produits qui excèdent nos besoins habituels et journaliers, nous pouvons les consommer immédiatement, dès qu'ils arrivent en notre possession. C'est ce que font les sauvages habitants des forêts de l'Amérique du Nord. Après une chasse heureuse, ils mangent, dit-on, plusieurs jours de suite avec une voracité extraordinaire. Par contre, s'ils n'ont pas réussi, ils demeurent immobiles, dénués de toutes ressources, et ils cherchent à tromper les angoisses de la faim en mâchant quelques feuilles d'arbres.

C'est ce que fait aussi celui qu'on pourrait appeler le sauvage de la civilisation, l'homme qui, dans nos grandes villes industrielles, sans éducation, sans croyances, se livre à ses appétits matériels, à la passion du bien-être et de la jouissance sous toutes les formes, dès qu'il a quelques ressources à sa disposition, et qui se condamne à toutes sortes de privations lorsque surviennent les jours de chômage.

Mais si, au lieu de consommer tout de suite les excédants de production, nous les conservons en vue de nos besoins à venir, alors nous faisons acte de prévoyance, un acte d'homme civilisé ; et cet acte, dont l'habitude est une vertu, s'appelle *l'Epargne*. Sans elle, l'homme s'expose à être pris au dépourvu

---

(1) Voir les numéros de septembre et de novembre 1877 de l'*Association catholique*.

par les vicissitudes des saisons, par les accidents inséparables de la nature humaine. Sans elle, il ne peut espérer d'amélioration morale ou intellectuelle. Il ne peut donner satisfaction à d'autres besoins, si ce n'est à ceux par lesquels nous ressemblons le plus aux animaux.

La prévoyance la plus élémentaire doit donc nous conduire à prélever le superflu quotidien de notre travail en vue de l'avenir. Nous nous assurons ainsi une réserve qui est à notre disposition en cas de besoin.

Nous pouvons l'employer pour notre consommation personnelle le jour où les ressources du travail journalier nous font défaut pour une cause quelconque. L'épargne alors, sous ses diverses formes, nous fournit des provisions; elle constitue une avance destinée à subvenir à des consommations ultérieures.

Mais nous pouvons aussi, comme nous le verrons plus loin, nous servir des produits épargnés pour augmenter l'effet utile de notre travail et aider au progrès de l'humanité. Dans ce cas, on donne aux résultats de l'épargne le nom de *Capital*. C'est une réserve destinée à développer la production, à accroître la richesse sociale. Le capital est le puissant levier qui fait de l'homme le maître de la terre.

La nature elle-même se charge de nous enseigner la nécessité de l'épargne. Pourquoi le cultivateur met-il du blé dans son grenier? Pourquoi fait-il pendant l'été des provisions de fruits et de légumes? C'est qu'il sait que l'heure viendra où la terre, endormie pendant de longs mois, ne répondra plus à ses efforts et lui fera attendre la récompense de son travail. Dans son isolement, il mourra de faim, s'il n'a rien mis de côté. Ainsi l'habitant des campagnes est ramené incessamment à la pratique de l'épargne par la connaissance de la succession fatale des saisons. La crainte des besoins à venir fait pour lui de la prévoyance une nécessité. C'est chez lui presque une vertu naturelle. Aussi est-il habituellement sobre et économe.

L'habitant des villes, au contraire, voit autour de lui des magasins où il trouve ce dont il peut avoir besoin aussi bien l'hiver que l'été. A quoi bon se préoccuper à l'avance de ce qui sera nécessaire dans l'avenir? Les marchands ne seront-ils pas toujours à sa disposition? Il est, de plus, environné d'occasions de dépenses, tentations dangereuses dont sont complices ses inclinations, sinon ses passions. Il oublie volontiers que la fragilité de la santé, que les vicissitudes des sociétés amènent dans le travail des interruptions, aussi fâcheuses que celles dues aux intempéries ou au changement périodique des saisons. Aussi la prévoyance est chez l'habitant des villes une vertu acquise par la réflexion, pratiquée grâce à une volonté persévérante. Elle n'en est que plus méritoire assurément; mais combien elle est plus rare que parmi les habitants de la campagne !

II

Cette vertu si féconde, sans laquelle il n'y a point de bonheur durable pour l'individu, point de prospérité réelle pour les peuples, est-elle difficile à pratiquer? Nullement. Elle exige seulement, comme toutes les vertus, un effort de notre part. Elle demande la privation d'une jouissance momentanée en vue de l'avenir; elle demande la résistance aux passions.

Et, pour ce motif, on a pu dire avec raison que le Christianisme est la meilleure école économique, car il a placé l'esprit de renoncement au premier rang des devoirs de l'homme. Le vrai chrétien, nous l'avons déjà dit, doit ne jamais perdre de vue l'obligation de travailler et l'obligation non moins impérieuse de limiter ses besoins. Il réalise ainsi ce que l'économiste considère comme le vrai fondement de la richesse publique.

Toutefois, il ne faut pas oublier que c'est de son bon emploi que l'épargne, comme la richesse, tire tout son mérite. Il ne faut pas que la passion d'économiser nous rende insensible aux souffrances d'autrui. « Une société où chacun ne songerait qu'à amasser aurait bientôt perdu tout ce qui fait la noblesse et le charme de la vie humaine (1). » C'est encore à la religion qu'il faut demander de nous préserver d'un attachement exclusif et désordonné aux biens de la terre.

Parmi les remarquables familles d'ouvriers ou de paysans dont il a fait l'histoire, M. Le Play cite un moissonneur du Soissonnais (2), et dit que, « sous l'influence de la religion, » dont la femme surtout pratique régulièrement tous les devoirs, cette famille sait concilier les qualités d'économie qui » la distinguent avec l'esprit de charité. Les sentiments naturels d'humanité ne disparaissent pas chez elle, étouffés par » l'amour du gain, comme il arrive souvent ailleurs dans les

(1) Périn. *La Richesse dans les sociétés chrétiennes*, p. 226.
(2) Le Play. *Ouvriers européens*, XXX, p. 236.

mêmes conditions. » Le principe chrétien, en même temps qu'il donne l'impulsion à l'économie, lui donne aussi la mesure.

Il est, en effet, une manière d'économiser qui n'est pas une vertu; bien plus, le catéchisme nous apprend que l'*avarice*, c'est-à-dire la passion qui nous conduit à entasser l'argent pour le seul plaisir de le posséder, est un péché capital.

L'économie politique, d'accord avec le catéchisme, condamne l'avare, attendu que s'il économise, s'il s'impose des privations, ce n'est pas dans un but utile, et l'épargne qui n'est pas destinée au développement de la vie de l'homme sur la terre n'est pas véritablement l'épargne, pas plus que le mouvement de l'écureuil dans sa cage n'est du travail.

C'est à l'épargne sous une de ses meilleures formes, l'épargne en vue de la communauté, que l'homme doit de goûter les jouissances de la vie civilisée. Considérez une grande ville comme Paris ou Lyon : pensez-vous qu'elle existât sans les épargnes faites par les habitants qui nous ont précédés? C'est grâce à leurs efforts et à leurs privations qu'ont été construites les maisons que nous habitons, les nombreuses et magnifiques églises qui font l'ornement de ces villes.

Nous leur devons nos ponts, nos quais, le pavage de nos rues; nous jouissons ainsi des épargnes faites par des Français qui vivaient il y a plusieurs siècles, et, à notre tour, nous employons nos épargnes à des travaux qui serviront à nos descendants. Nous leur laisserons des routes, des canaux, des chemins de fer, des usines à vapeur qui n'existaient pas avant nous, et toutes ces richesses, si elles sont bien employées, auront pour effet de faciliter la production et de permettre à la population de prendre dans l'avenir un essor considérable sans diminuer son bien-être matériel, sans compromettre son développement moral et intellectuel.

Ainsi s'affirme le principe de solidarité entre les diverses générations qui se succèdent dans un même pays. Ce point de vue seul suffirait, s'il en était besoin, pour faire comprendre l'idée de patrie et les devoirs que nous avons contractés en naissant dans un point de la terre où nos pères ont travaillé pour nous. Ils y ont constitué un patrimoine commun où nous puisons à pleines mains; ils nous l'ont transmis, à la charge pour nous de le conserver, de l'améliorer et de l'agrandir. La patrie, c'est l'ensemble des institutions, des enseignements, des souvenirs légués par nos ancêtres; mais c'est aussi l'ensemble des richesses accumulées du labeur employé pour transformer le sol, pour le rendre fécond, pour le rendre plus habitable. J'ajouterai que le patriotisme de clocher, qu'on se plaît souvent à critiquer, est lui-même un sentiment éminemment louable, fondé sur la nature même des choses. C'est le sentiment d'attachement reconnaissant à tout ce que nos pères ont fait pour nous sur un coin de terre restreint. Ils l'ont arrosé de leurs sueurs, ils y ont bâti une église et des maisons. Ils y ont prié, ils y ont souffert, et l'on ne voudrait pas que les générations nouvelles fussent fidèles à ces souvenirs, qu'elles fussent heureuses de consacrer leur travail, à leur tour, pour améliorer ces terres, pour embellir ce village, heureuses de se retrouver à l'ombre du clocher qui leur rappelle des traditions d'honneur et de vertu, d'amour du travail et d'amour de l'épargne!

III

Nous venons de parler des différentes formes sous lesquelles l'épargne nous est transmise par nos pères : tantôt ce sont des monuments ou des constructions destinés à la satisfaction de nos besoins, tels que les églises, les ponts, les habitations; tantôt ce sont des usines, des canaux ou des chemins de fer, dont le but n'est pas de nous procurer par eux-mêmes la satisfaction d'un besoin immédiat, mais bien de servir d'instruments pour faciliter la production ou le transport des objets nécessaires au cours ordinaire de notre existence. Ceci nous ramène à la notion fondamentale du capital, que nous avons déjà énoncée précédemment.

Le capital est *le produit d'un travail antérieur, épargné en vue de faciliter un travail ultérieur*. Le mot de *capital*, ou *principal*, a été usité d'abord par les prêteurs de sommes d'argent, de monnaie, destinées à servir d'instruments de travail. Par ce mot, ils ont voulu distinguer le corps même de la dette, à rembourser plus tard, du loyer ou intérêt payé par l'emprunteur pour l'usage qu'il doit faire de cette somme d'argent.

Dans le langage économique, on a étendu le sens du mot *capital*, et on l'emploie pour désigner toute espèce de produit qui, créé par le travail, au lieu d'être consommé pour un usage individuel, est employé désormais à rendre le travail plus facile ou plus productif, soit entre les mains de son propriétaire, soit entre les mains de toute autre personne.

Le capital n'est pas pour l'économiste simplement une

4

somme d'argent susceptible de rapporter intérêt : c'est l'épargne transformée en instrument de production, sous quelque forme qu'elle se présente, outils, machines, matières premières aussi bien qu'argent monnayé.

Les outils les plus élémentaires, comme la bêche ou la hache, sont des capitaux au même titre que l'argent, parce qu'ils sont destinés à augmenter la puissance du travail, et parce qu'il a fallu qu'un homme, pour les fabriquer, employât son temps à autre chose qu'à se procurer de la nourriture ou à se construire un abri contre les intempéries.

L'argent lui-même, sous forme de monnaie et sous le nom de capital, à quoi sert-il, sinon à acheter les outils indispensables pour venir en aide à la main de l'ouvrier, ou les matières premières qui, transformées par le travail, deviendront des produits utiles, des marchandises, ou encore à payer les salaires de ceux qui apportent leur concours à la fabrication ?

La monnaie d'or ou d'argent est donc aussi un instrument de production, et son rôle est alors de faciliter l'échange des capitaux, tout comme dans les usages ordinaires de la vie, elle sert à faciliter l'échange des marchandises. Aussi est-elle devenue le moyen le plus habituel d'évaluer les capitaux, et on a fini par la considérer comme constituant à elle seule tout le capital. C'est une erreur du même genre que celle qui, au seizième siècle, faisait considérer l'or comme étant la richesse par excellence, et qui a conduit à cette époque les peuples à tout sacrifier pour se le procurer en plus grande quantité. Ils oubliaient que la véritable richesse, ce sont les produits du travail et les moyens qu'ils nous donnent de pourvoir aux besoins de notre nature. C'est le travail et l'épargne, dans son sens le plus large, qui constituent la richesse des nations, comme celle des individus.

Appeler *capitaliste* seulement celui qui possède une certaine quantité d'argent est une erreur. Tout homme qui arrive à posséder un instrument de travail, ne fût-ce qu'une hache, comme le bûcheron, devient un capitaliste. Son capital, c'est son outil.

IV

L'homme se distingue éminemment de l'animal par la formation du capital. Jamais, en effet, on ne voit un animal se créer un outil, un instrument de travail. Quelques-uns épargnent instinctivement pour se faire des provisions pour un avenir peu éloigné, pour la saison prochaine, comme les abeilles, les fourmis et d'autres encore ; mais aucun ne se fabrique des instruments, ne cherche à se procurer des armes autres que celles que lui a données la nature.

C'est donc grâce au capital, produit du travail intelligent et de la vertu de prévoyance, que l'homme peut avec raison s'appeler le roi de la création. C'est par le capital qu'il arrive à prendre possession du globe ; c'est par lui qu'il transforme à son usage la matière minérale ou les produits du sol ; c'est à l'aide du capital qu'il assujettit les animaux à son service et qu'il s'approprie les forces mêmes de la nature, comme la pesanteur, le vent ou la chaleur.

Les résultats du travail humain vont ainsi toujours en s'accroissant. *Viris acquerit eundo*, dirait le poëte latin ; et si nous ne sommes plus réduits, comme les sauvages de l'Amérique, au seul secours de nos bras pour nous procurer des moyens d'existence, c'est au capital que nous le devons.

Peut-on méconnaître, en outre, la différence qui en résulte pour le développement de la population ?

On sait combien est petit le nombre des Indiens qui vivent misérablement dans les vastes forêts et les immenses prairies de l'Amérique du Nord. Le sol est fertile, les arbres sont magnifiques, l'herbe haute et épaisse ; et cependant il faut aux sauvages un espace de quatre kilomètres carrés par individu pour leur permettre de vivre du produit de leur chasse.

En Europe, au contraire, grâce à l'accumulation des capitaux, fruit des efforts d'une suite de générations laborieuses et intelligentes, la même surface de terrain nourrit aisément quatre cents habitants, et quelquefois même plus du double, comme en Belgique, par exemple. Et l'existence de ces Européens est bien supérieure, sous tous les rapports, à celle des sauvages.

Le sauvage lui-même essaie bien de devenir capitaliste, puisqu'il se fabrique, avec la pierre et le bois, des haches, des arcs et des flèches. Ces engins, tout grossiers qu'ils sont, prouvent que le sauvage possède encore, quoique bien effacée, cette lumière de l'intelligence supérieure qui distingue les hommes des animaux. Mais les sauvages diffèrent des peuples civilisés par l'emploi qu'ils font de ces capitaux élémentaires. Au lieu de s'en servir pour accroître les produits de leur travail et pour augmenter leurs épargnes, ils s'en servent seulement pour mieux réussir dans la satisfaction de leurs besoins immédiats : ils ne vont pas plus loin. Ils suppléent aux armes

que la nature ne leur a pas données, et voilà tout. On peut
dire que les sauvages sont inhabiles à entrer dans la voie de la
civilisation, par la seule raison qu'ils sont incapables de s'imposer la privation de jouissances actuelles en vue de l'avenir.

V

La création du capital ne suffit donc pas à elle seule pour
obtenir les merveilleux résultats que nous venons d'énumérer ;
il faut encore savoir l'employer utilement, et, pour cela, il faut
deux choses : il faut l'union du capital et du travail et la persévérance dans l'habitude de l'épargne.

Tout d'abord, le capital n'est qu'un instrument : c'est une
chose qui ne peut se mouvoir à elle seule. Pour le rendre productif, il faut un bras qui le mette en œuvre, une intelligence
qui le dirige. Sans le travail, le capital n'est rien. La plus belle
machine à vapeur, le plus beau métier à tisser ne seront qu'un
assemblage inutile de pièces de fer et de bois, tant qu'il n'y
aura pas un mécanicien pour les faire marcher et des ouvriers
pour leur fournir des matières premières à transformer.

Mais aussi, comme nous l'avons déjà dit, le travail de
l'homme dénué de capital est à peu près impuissant à lui procurer des moyens d'existence.

Prenez un habitant des bords de la mer. S'il est réduit,
pour se nourrir, à s'emparer du poisson avec ses mains, à peine
parviendra-t-il à ramasser quelques coquillages. Supposez, au
contraire, qu'il ait creusé un tronc d'arbre pour s'en faire une
barque, qu'il ait fabriqué un harpon et des filets, notre
homme sera à peu près sûr de faire chaque jour une pêche
plus que suffisante pour ses besoins et ceux de sa famille.

D'où provient ce résultat si différent du premier? C'est de
l'union du travail et du capital. La barque et les filets sont, en
effet, le produit d'un travail antérieur qui n'a eu d'autre but
que de rendre à l'avenir la pêche plus facile et plus fructueuse.

Par contre, il est clair que ce capital à lui seul ne produit
rien. Si le pêcheur ne pousse pas la barque à la mer, s'il ne
jette pas les filets, il n'y aura pas de poissons de pris, et ses
engins pourriront à la côte sans profit pour personne.

Le travail sans le capital est stérile, aussi bien que le capital
sans le travail. La main qui n'est pas armée d'un outil est
impuissante, comme l'outil sans une main pour le diriger. C'est

donc de l'union du travail et du capital que procèdent les richesses nécessaires à l'existence de l'homme sur la terre.

Aussi doit-on s'étonner des récriminations soulevées contre
les capitalistes par des auteurs qui prétendent protéger le travail en attaquant le capital. Empêcher le capital de se former,
c'est tarir la source de la production, c'est annuler l'effet utile
du travail, c'est le moyen le plus certain de dépeupler le pays
et de le ramener à l'état de barbarie.

Les capitaux affectent les formes les plus variées; cependant
il est toujours facile de les distinguer des simples produits de
l'épargne par l'usage auquel ils sont destinés. Ainsi le rabot
et l'établi du menuisier sont des capitaux pour lui; l'armoire
qu'il a fabriquée pour mettre son linge ou ses provisions n'est
pas un capital.

Quelquefois le même objet peut être tantôt capital et tantôt
ne l'être pas. La houille, par exemple, est un capital lorsqu'elle
est jetée sur la grille d'une chaudière à vapeur, parce qu'elle
doit là se transformer en force et produire un travail utile.
Au contraire, la houille que nous brûlons pour nous chauffer
n'est pas un capital. Elle est consommée définitivement pour
nous garantir du froid.

Il y a des capitaux qui sont immobilisés, qui ne peuvent
changer de forme ni de destination. Ainsi le barrage qui re-
tient la chute d'eau destinée à faire marcher une usine, ainsi
une route ou un canal. Une fois constitués, ils restent ce qu'ils
sont, qu'on s'en serve ou qu'on ne s'en serve pas. On les appelle, pour ce motif, des capitaux engagés ou des capitaux
fixes. « Ils ont cela de particulier, dit Adam Smith, qu'ils peuvent donner un revenu sans changer de maître. »

On nomme, au contraire, capitaux circulants les matières
premières ou marchandises qui subissent des transformations
successives et qui ne donnent de profits que par des échanges,
comme la houille, dont nous venons de parler; mais il n'y a
pas lieu d'insister sur ces classifications, toujours quelque
peu artificielles; car, au fond, tout capital se transforme et
périt à la longue. Mieux vaut nous étendre sur une question
beaucoup plus grave, beaucoup plus importante au point de
vue moral en même temps qu'au point de vue économique : je
veux parler du loyer des capitaux et de la liberté des conventions qui y sont relatives.

VI

Quand un homme a créé un capital par le travail et l'épar‑
gne, c'est sa propriété; il a seul le droit d'en disposer, que
ce soit un outil, une machine, un bâtiment, un fonds de
terre cultivée ou une somme d'argent. S'il ne veut point ou
s'il ne sait point s'en servir, il peut l'échanger ou le vendre
contre d'autres produits ou marchandises plus à son gré. Celui
qui l'aura acheté en tirera bon parti, et tout le monde s'en
trouvera bien.

Mais si le propriétaire du capital n'en a qu'un emploi inter‑
mittent, comme le laboureur, qui n'a besoin de sa charrue
qu'à une certaine époque de l'année, il ne vendra pas volontiers
son instrument, et cependant il pourra le confier temporaire‑
ment à son voisin qui en a besoin pour travailler ses terres,
et qui le rendra après s'en être servi.

Celui-ci fera plus de travail avec la charrue qu'avec sa
bêche; il en tirera un profit qu'il n'aurait pas eu sans elle. Il
est donc de toute justice qu'il donne au propriétaire de la
charrue une part de ce profit. Car le propriétaire n'était nulle‑
ment obligé de se dessaisir de ce qui lui appartient, et il faut
bien d'ailleurs qu'il espère en obtenir un avantage réel pour
consentir à louer son outil et à l'exposer à être détérioré par
l'usage.

Chacun des deux laboureurs fait ainsi une bonne affaire :
l'un en obtenant, par la location de sa charrue, la rémunéra‑
tion du travail antérieur employé à se la procurer; l'autre en
augmentant, grâce à l'emploi de la charrue, le résultat de ses
efforts personnels.

Ainsi naît la notion du loyer des capitaux; elle n'est point
une prime donnée à l'oisiveté, mais bien la rémunération du
travail et de la prévoyance antérieure, la constatation d'un ser‑
vice rendu. Cette rémunération est donc parfaitement juste;
elle est variable, comme tous les produits susceptibles d'é‑
change, suivant la loi de l'offre et de la demande, c'est-à-dire
que là où il y a beaucoup de capitaux, ils reçoivent une moin‑
dre rémunération, et que là où il y en a peu et où les emprun‑
teurs sont par là même ordinairement plus nombreux, le prix
du loyer augmente.

Ce loyer des capitaux prend différents noms, suivant la na‑
ture de la chose prêtée par le capitaliste. Ce sera un fermage

s'il s'agit de fonds de terre; une location s'il s'agit d'outils ou de bâtiments; une rente, un intérêt ou un dividende s'il s'agit de sommes d'argent. La forme et le nom de la redevance, du prélèvement des fruits changeront; mais au fond se retrouve toujours la même chose : le paiement d'une part du profit obtenu par le travail à l'aide du capital, c'est-à-dire à l'aide de la richesse acquise mise au service de la richesse à acquérir.

Ainsi se trouve justifiée la légitimité du prêt à intérêt, grosse question qui a suscité de longues controverses dans les siècles passés. Les jurisconsultes, comme les théologiens, ont écrit des volumes sur ce sujet; ils ont imaginé des distinctions plus ou moins subtiles pour arriver à concilier leurs théories avec la pratique de la vie des peuples.

Mais aujourd'hui personne ne conteste plus la légitimité de l'intérêt des capitaux, sauf les socialistes, qui dissimulent ainsi leurs attaques contre la propriété.

Les premiers communistes, en effet, dans leurs essais grossiers, s'en prenaient à la propriété foncière seule; mais ils ont fini par comprendre que les capitaux de toute espèce sont aussi des propriétés, et les socialistes, de nos jours, au lieu de demander la communauté des biens, ont réclamé, par l'organe de Proudhon, la gratuité du crédit, la suppression du prêt à intérêt, puis la communauté des instruments de travail, sans se préoccuper de savoir qui se donnera la peine de créer le capital quand il n'en coûtera rien pour s'en procurer les avantages aux dépens d'autrui.

Prodigieuse inconséquence, où l'on ne sait ce dont on doit s'étonner le plus ou de la folle présomption ou de l'orgueilleuse ignorance des novateurs, qui s'imaginent pouvoir substituer les systèmes éclos de leur cerveau à l'expérience du genre humain.

Car les lois de Moïse, comme l'histoire romaine, témoignent de l'antiquité du prêt à intérêt. Il ressort, ainsi que le démontrent les économistes, de la nature des choses; c'est la conséquence forcée du principe de la propriété. Mais, en cette matière comme en beaucoup d'autres, la loi chrétienne est venue poser des limites et tempérer la justice par la charité. Déjà Moïse avait dit aux Juifs de ne pas exiger d'intérêts de leurs frères; l'Evangile, à son tour, rappelle aux chrétiens qu'ils doivent s'entr'aider et, dans bien des circonstances, se prêter mutuellement leurs capitaux sans rien espérer en retour.

Et l'économiste, d'accord avec eux, pose en principe que

l'intérêt n'a de raison d'être que si l'emprunteur a dû tirer profit du capital pour faire fructifier son travail.

C'est alors le prêt d'affaire, qui réalise bien les conditions énoncées par les théologiens pour rendre l'intérêt légitime : *Lucrum cessans, damnum emergens, aut periculum sortis* (1).

L'intérêt n'est prohibé qu'à l'égard du pauvre qui emprunte pour vivre, pour traverser un moment difficile. Le prêt est alors une forme de l'aumône; les Monts-de-Piété ont été inspirés par cette pensée, dans l'origine. En pareil cas, le prêt ne ressort plus de l'économie politique, puisqu'il ne constitue qu'un simple déplacement de richesses à consommer et qu'il ne provoque pas le développement de la production; il n'engendre pas un profit dont le partage puisse être entre l'emprunteur et le prêteur.

Je n'insisterai pas plus longtemps sur ce point; car il n'y a plus de doute aujourd'hui dans les esprits, plus de sujet de trouble pour les consciences, à propos de la légitimité du prêt à intérêt, et elle n'est pas désormais contestée plus que celle du loyer d'une maison ou du fermage d'un champ (2).

---

(1) Il résulte des principes que nous venons d'exposer, pour établir la légitimité du prêt à intérêt, que si le prêteur doit s'enquérir de l'utilité qu'aura pour l'emprunteur l'argent mis à sa disposition, à plus forte raison il doit se préoccuper de l'emploi qui en sera fait, de la moralité et de l'utilité sociale de l'entreprise à laquelle il est destiné.

Car l'argent est une puissance; et celui-là n'est-il pas coupable qui met cette puissance à la disposition d'entreprises contraires à la grandeur de son pays ou préjudiciables à la religion et à la morale publique, sous le seul prétexte qu'il se flatte d'en tirer un plus large profit ?

Malheureusement, on trouve trop souvent des gens qui, sous l'impulsion des idées matérialistes, voudraient ériger en principe le mot bien connu d'un empereur romain : *Non olet*, c'est-à-dire peu importe l'origine des profits que donne le capital. C'est une erreur au point de vue de l'économie politique et de la morale. Le prêteur est responsable en conscience de la destination qu'il a consentie à l'emploi de ses capitaux.

Je dirai plus : les catholiques devraient, dans l'emploi de leurs richesses, rechercher le bien du plus grand nombre de leurs frères, et donner la préférence, pour le placement de leurs capitaux, aux œuvres d'utilité publique, aux institutions destinées au bien-être populaire, plutôt qu'aux entreprises ayant pour but la décoration, l'embellissement des villes ou l'amusement des personnes riches.

(2) Voir, pour plus de détails sur la question du prêt à intérêt, de Mets-Noblat, *Analyse des Phénomènes économiques*, t. II.

VII

S'il n'y plus de doute à propos de la légitimité du prêt à intérêt, il n'en est pas de même quand il s'agit de savoir s'il convient de fixer un maximum pour le taux de l'intérêt.

En France, une loi de 1807 détermine le taux légal de l'intérêt des sommes prêtées ou dues pour un motif quelconque. L'intérêt à exiger du débiteur ne peut dépasser 5 0/0 en matières civiles et 6 0/0 en matières commerciales. La loi déclare non-seulement nulle, mais délictueuse et punissable par les tribunaux, toute convention entre un prêteur et un emprunteur stipulant un intérêt supérieur au taux légal. Ces restrictions ont été confirmées par une loi du 27 décembre 1850.

La loi de 1807 a soulevé, depuis quelques années surtout, de nombreuses objections. Une enquête considérable a été faite en France, en 1865, à ce sujet; mais on n'a pas jugé à propos, jusqu'à présent, de donner suite aux conclusions de cette enquête, qui aboutissaient à une modification de la loi de 1807.

Tous les économistes réclament la liberté du prêt à intérêt : Turgot dans son mémoire au roi sur les prêts d'argent, Bentham dans ses lettres sur l'usure, de nos jours Bastiat, dans son pamphlet intitulé *Capital et Rente,* ont particulièrement élucidé cette importante question.

Ils ont fait ressortir avec raison les contradictions que présentent la théorie et la pratique ; les entorses à la légalité, si on peut employer ce mot, que les gouvernements et les lois elles-mêmes sont obligés de consentir. C'est ainsi que les emprunts de la Restauration, et ceux qui ont eu pour objet la libération du territoire et la rançon de la France en 1871 et 1872 ont été émis à un taux usuraire, au regard de la loi de 1807.

Les prêteurs ont prêté leur argent à plus de 6 0/0. Ils étaient donc répréhensibles. Cependant ils jouissent paisiblement de leurs revenus. Comment dès lors appliquer rigoureusement la loi à tout particulier qui aura stipulé un intérêt de 6 ou 7 0/0 vis-à-vis d'un débiteur moins solvable que l'Etat?

Puis, en 1857, la Banque de France, qui, d'après sa constitution, devait limiter le taux de l'escompte à 6 0/0, se trouvant, lors d'une crise monétaire, dans l'impossibilité de défendre son encaisse contre les emprunteurs, a demandé à une loi spéciale l'autorisation de porter l'escompte à 7, 8 et 10 0/0.

Comment alors des banquiers ordinaires seront-ils coupables s'ils prêtent à 7 0/0 au lieu de 6?

Aussi les banquiers en sont réduits à éluder la loi. Ils prêtent officiellement leur argent à 5 ou 6 0/0, au taux légal ; mais ils stipulent en plus une commission de 2 ou 3 0/0, suivant l'état du marché des capitaux, pour parfaire la différence, et les tribunaux sont obligés de fermer les yeux.

Enfin, les plus grands consommateurs de capitaux des temps modernes, les grandes Sociétés de chemins de fer, font, elles aussi, des conventions qui sont condamnées par la loi de 1807. Elles s'en tiennent, il est vrai, au taux légal en émettant des obligations de 300 francs rapportant 15 francs d'intérêt. Mais, non-seulement elles acceptent, si les capitaux sont chers, de recevoir moins de 300 francs par obligation, mais de plus elles s'engagent à rembourser au prêteur, dans un délai plus ou moins long, une somme de 500 francs. N'est-ce pas dire que les porteurs d'obligations se rendent coupables de faits usuraires?

Pourquoi ces faits ne sont-ils pas délictueux? Pourquoi ne donnent-ils pas lieu à des poursuites? C'est parce qu'ils se passent publiquement, au grand jour; parce qu'ils résultent de la liberté avouée des transactions et de l'état du crédit public.

VIII

Les motifs pour lesquels la loi de 1807 est encore défendue par beaucoup de bons esprits, ce sont les abus de l'usure, dans la campagne surtout. Là, les choses se font secrètement et l'usurier ruine rapidement ses débiteurs. A cela les économistes répondent que le mal existe malgré la loi qui est censée devoir l'empêcher, et qu'elle n'y réussit pas.

D'ailleurs il ne peut être question de désarmer la loi et de renoncer à la répression de tous les actes dolosifs, frauduleux; de ceux où le prêteur abuse de la situation de l'emprunteur. L'usure ne se mesure pas, elle s'apprécie ; ce ne sont pas les chiffres, ce sont les intentions ou les manœuvres qui peuvent être usuraires et qui peuvent être répréhensibles.

Un prêt qui n'aura d'autre résultat que de ruiner le débiteur n'est pas avoué par l'économie politique plus que par la morale, car il n'a pas pour résultat d'augmenter la richesse publique, mais bien au contraire de la diminuer.

La fixation du taux de l'intérêt conventionnel, résultant de l'accord libre des parties, ne devrait pas être réputée délictueuse, quel que soit le chiffre de l'intérêt. Mais si le débiteur vient porter plainte, alléguant qu'il n'a pas été libre lorsqu'il a accepté le contrat, le tribunal devrait avoir le droit d'apprécier si, eu égard à l'état du marché, ou à d'autres circonstances laissées à son examen, le prêteur a abusé de la situation de l'emprunteur et si la convention doit être annulée, ou si un délit même a été commis.

Il est nécessaire seulement de fixer un taux légal pour le calcul des intérêts résultant de décisions judiciaires ou de toutes autres circonstances où la volonté des parties n'a pu établir un accord préalable. Dans ce cas, on ne voit point pourquoi il y a une distinction entre le taux de l'intérêt en affaires civiles et en affaires commerciales. Ce taux pourrait être maintenu à 5 0/0 dans l'état actuel du marché des capitaux en Europe.

Je dis à dessein en Europe, car en Algérie la loi française elle-même a dû se plier aux circonstances et admettre le taux légal de 10 0/0 sans fixer de limite au taux conventionnel.

Quand, après 1848, on a voulu fixer l'intérêt conventionnel inférieur à la limite légale de 10 0/0, on a dû reculer devant la stagnation des affaires et proclamer officiellement qu'on s'était trompé. A cette époque, le taux de l'intérêt était couramment de 15 0/0 en Algérie. Depuis, et sous le régime de la liberté, grâce à l'augmentation de la sécurité et à la création de capitaux plus considérables, il est descendu à 7 ou 8 0/0, c'est-à-dire au-dessous du taux légal.

L'Angleterre, la Hollande, l'Espagne, la Belgique et le Piémont ont décrété la liberté illimitée du prêt à intérêt, tout en prenant des précautions contre les usuriers, et on sait que dans les deux premiers pays en particulier, le taux courant de l'intérêt n'est guère que de 3 à 4 0/0 au plus.

Les principes sont posés d'une manière indiscutable. L'expérience des faits a prononcé dans le même sens dans plusieurs grands pays. Aux jurisconsultes maintenant de savoir s'il convient de maintenir une loi qui se trouve, dans plusieurs, de ses parties, en contradiction avec la pratique habituelle, et qui surtout fait un délit non pas de l'acte ou de l'intention coupable, mais d'une limite de chiffre qui est forcément dépassée en certaines circonstances.

IX

Il faut d'ailleurs reconnaître que les circonstances actuelles sont bien différentes de ce qu'elles étaient en 1807. La multiplication des capitaux, la diffusion de la richesse mobilière ont fait établir sur tous les points du territoire de véritables marchés aux capitaux; là le taux courant s'établit au su de tous. Le paysan, quelque ignorant qu'on le suppose, n'est plus, s'il le veut bien, la proie d'usuriers avides, dont il lui serait impossible d'éviter les piéges.

Ces considérations permettent de comprendre que la limitation du taux de l'intérêt pouvait être nécessaire autrefois, et on s'explique de la même façon comment la prohibition du prêt à intérêts par les Pères de l'Eglise et par les jurisconsultes du moyen âge était justifiée par les circonstances au milieu desquelles ils ont vécu.

Ce qui dominait les esprits des jurisconsultes et des théologiens à cette époque, c'étaient surtout des préoccupations morales, et au premier rang une préoccupation de charité. L'industrie et le commerce n'étaient pas aussi développés qu'aujourd'hui. L'argent était moins employé et l'habitude était de l'enfouir pour le conserver. Celui qui consentait à s'en dessaisir momentanément ne se privait pas d'un profit. Celui qui empruntait, n'empruntait pas en général pour faire produire à la somme empruntée, mais pour la dépenser improductivement, pour satisfaire des besoins actuels et pressants. C'était un service qu'il demandait et qu'on devait lui rendre ; et l'on ne voyait en conséquence dans le prêt qu'un acte de bienveillance.

C'est ce qu'expriment parfaitement nos anciens jusrisconsultes, et notamment l'illustre Domat. Le prêt, disait-il, est *un acte essentiellement de bienveillance, et le bienfait ne peut entrer en commerce.*

Domat était, en cela, fidèle aux traditions des Pères. L'identité de l'aumône et du prêt ressort de toutes les citations qu'on peut leur emprunter. Pour comprendre cette assimilation, il faut se reporter au temps où parlaient ces grands docteurs, il faut se rappeler l'état du monde, songer combien la charité y était nécessaire et combien elle y était rare. Il faut songer aux abîmes d'iniquités enfantées par l'abus de l'usure chez les Romains. Il faut songer à ce qu'était alors la richesse, proie ensanglantée et souillée dans sa source, qui méritait vraiment cet anathème célèbre de saint Jérôme : *Tout riche est un in-juste ou héritier d'un injuste* (1).

Aujourd'hui les choses ont changé, et les sévérités qui pou-vaient être justes à l'égard de la richesse ravie par la force, ne seraient plus excusables à l'égard de la richesse produite par le travail. Aujourd'hui c'est par l'exercice de l'intelligence, par l'activité industrieuse, par le sage emploi des capitaux que la richesse se forme et s'accroît.

En présence des nécessités nouvelles qui sont le respect des transactions et le mouvement des affaires, l'ancienne interdic-tion du prêt à intérêt est tombée en désuétude ; partout il est permis, dans beaucoup de pays même les conditions en sont entièrement libres. Le rôle du capital est de plus en plus considérable dans les sociétés modernes, aussi est-il devenu le point de mire des attaques des socialistes qui veulent le renver-sement des principes sociaux. Ils s'évertuent à le mettre en opposition avec les conditions normales de l'existence des fa-milles ouvrières. Celles-ci, suivant ces faux docteurs, seraient fatalement victimes d'un tyran qui les spolie et ne leur laisse que la misère en partage ; l'émancipation du genre humain réclame que le capital disparaisse, sinon le travailleur sera condamné à un perpétuel esclavage.

X

Il est cependant facile de comprendre qu'il ne peut y avoir d'antagonisme (comme on se laisse aller trop souvent à le ré-péter) entre le capital et le travail. Leur origine est la même, leur but est le même. Séparés l'un de l'autre ils sont impuis-sants ou stériles. D'où viendrait l'antagonisme entre ces ef-forts de l'homme, l'un actuel, l'autre antérieur, dont la dis-tinction repose sur une nécessité de classification plus que sur une différence de nature ?

Aussi n'est-ce pas là ce qu'on veut dire généralement.

L'antagonisme, il existe réellement entre le travailleur et le capitaliste ; parce que l'un ne sait point économiser, parce qu'il veut toujours plus de jouissance et moins de travail ; et parce que l'autre ne veut point sacrifier une partie des droits que lui confère la liberté de l'industrie, parce qu'il n'a point

(1) Voir Frédéric Passy. *Leçons d'économie politique faites à Montpellier en 1860*, p. 356.

souci de protéger l'ouvrier contre les accidents inséparables de la nature humaine ou contre sa propre faiblesse.

L'antagonisme se manifeste à l'occasion de la répartition des profits que doit produire l'action combinée du capital et du travail manuel. Chacun, patron et ouvrier, veut s'attribuer la part la plus grosse, et les intérêts particuliers se trouvent alors en opposition, sans que l'intérêt social soit lui-même en jeu, sinon dans la mesure où la lutte des intérêts privés peut le mettre en péril.

Comment se fera la conciliation? Comment disparaîtra l'antagonisme?

On peut déjà pressentir quelles conditions devraient remplir les ouvriers et les patrons pour être à la hauteur de leurs devoirs sociaux. Mais il convient d'analyser plus longuement les bases rationnelles de la répartition des profits du travail. Cette question sera le sujet d'un prochain article. Grave question, qui s'agite depuis l'origine du monde; car, dès les premiers jours, on a pu voir parmi les hommes, les uns laborieux, actifs, économes, les autres paresseux, dissipés, prodigues; on a pu voir des inégalités natives de force corporelle et d'intelligence entraînant naturellement des différences d'aptitudes pour le travail.

Les meilleurs, les mieux doués, les plus habiles, ont su se créer des instruments de travail, s'assurer ainsi la possession de la terre, et bientôt après la prééminence sur leurs concitoyens moins énergiques ou moins moraux. Ce n'était que la juste récompense du travail et de la vertu. Mais les autres aussi, depuis le commencement du monde, se sont montrés jaloux des avantages dont ils ne jouissaient pas par leur faute ou par la faute de leurs ancêtres, car le principe de la solidarité humaine s'applique dans la famille aussi bien que dans la société.

De là l'éternelle lutte entre ceux qui possèdent et ceux qui ne possèdent pas, entre les fils d'Esaü et les fils de Jacob. Le récit de l'Ecriture sainte nous montre, en effet, la prévoyance, l'intelligence dominant la force corporelle brutale, mais imprévoyante; Esaü, malgré sa vigueur, cède les avantages dus à sa naissance à son frère, plus jeune, mais plus habile. C'est là l'histoire de l'humanité.

Et de nos jours encore, combien n'y a-t-il pas d'Esaü qui ne peuvent pardonner à leurs frères d'avoir été plus laborieux, plus rangés, plus économes? Ils voudraient leur ravir des biens légitimement acquis.

Mais aussi ceux qui possèdent les instruments de travail oublient souvent que les ouvriers, qui en sont dépourvus, sont leurs frères, et ils voudraient profiter de leurs avantages pour s'attribuer une part toujours plus large des produits du travail commun.

De là l'antagonisme qui ne peut être résolu que par l'intervention de l'esprit chrétien dans la constitution sociale; et c'est à l'esprit chrétien que l'économie politique fait appel en définitive pour le triomphe des principes qu'elle s'est donné pour mission d'enseigner.

L'économiste, en effet, ne méconnaît ni l'intérêt personnel, malgré les abus qu'il entraîne trop souvent par suite de la déchéance originelle, ni le principe de la solidarité qui s'affirme par la charité chrétienne. Mais il sait aussi que l'antagonisme ne cessera pas tant que l'ouvrier ne joindra pas au travail l'esprit d'ordre et d'économie, tant qu'il ne s'imposera pas la modération dans ses désirs, et il sait que la religion seule peut produire ce miracle.

LA RÉPARTITION DES PROFITS DU TRAVAIL

LE SALAIRE

———

I

Le but du travail est de fournir les moyens de subsistance, nécessaires aux hommes pour se multiplier et pour vivre sur la terre. Nous avons montré quelle est sa puissance et comment ses produits sont à même de répondre aux nécessités de l'existence de l'homme. Mais suffit-il d'avoir étudié la production de la richesse, d'avoir montré les lois qui président à sa formation, pour résoudre toutes les difficultés du problème social?

Les produits obtenus arrivent-ils toujours à tous ceux, ouvriers, patrons ou capitalistes, qui ont contribué à les former? S'il en est autrement, ou si seulement ces produits ne leur arrivent que pour une part notoirement insuffisante, la société est en souffrance, parce que la justice est lésée, et, tôt ou tard, cette société subira un châtiment mérité.

La justice est le premier fondement de la prospérité des nations; l'économiste sérieux, l'économiste digne de ce nom, ne doit donc pas se contenter d'étudier la production, comme une abstraction, indépendante du sort des producteurs. Il ne lui suffit pas que la richesse soit créée; il veut qu'elle soit équitablement distribuée. Il faut que le capitaliste jouisse en paix du fruit légitime des capitaux qu'il a su créer et conserver; il faut que le patron trouve dans son industrie une récompense méritée; il faut enfin que l'ouvrier vive du produit de son travail. Ces conditions sont-elles inconciliables, comme le prétendent les socialistes ? Les ouvriers sont-ils forcément sacrifiés dans notre société actuelle ?

Nous ne le croyons pas, et il nous paraît facile d'établir le contraire. Cherchons donc quelles sont les bases de cette juste répartition qui doit, contribuer tout à la fois au bonheur des individus, à la grandeur et au salut de la société. Cherchons comment peut s'établir, sans dommage pour la liberté individuelle, une organisation des conditions du travail telle que les ouvriers agricoles ou industriels y trouvent les moyens de subsistance, la dignité, l'indépendance auxquels ils ont droit, lorsqu'ils conforment leur conduite aux règles salutaires de la sobriété et de l'économie, lorsqu'ils savent se soustraire à l'intempérance et à la dissipation, aussi bien qu'à la paresse.

Si nous trouvons ces conditions réalisées, ou seulement faciles à réaliser, dans l'organisation de nos sociétés, ce sera la preuve qu'il n'y a pas tant à changer en elles, comme voudraient le faire croire les socialistes. Nous nous convaincrons au contraire, par une étude approfondie, que, sous l'influence de la liberté, si elle est éclairée, dirigée par un esprit vraiment chrétien, la répartition de la richesse s'opère dans les conditions les plus justes, les plus profitables pour tous ceux qui concourent à l'œuvre de la production.

II

La richesse, nous l'avons dit précédemment, est le résultat du travail, c'est-à-dire de l'activité ou de l'effort de l'intelligence et du bras de l'homme, servi par le capital, aidé, grâce à la division du travail, par le concours d'autres hommes. Trois agents distincts contribuent donc à la production de la richesse : ce sont l'*intelligence*, le *capital* et le *travail-manuel;* et chacun de ces agents a naturellement droit à une part du profit résultant du travail auquel ils ont concouru.

Les économistes ont donné le nom d'*entrepreneur* ou directeur d'industrie à l'homme intelligent et actif qui combine l'œuvre de la production, et qui appelle à son aide le capital et le travail manuel.

Nous savons déjà quels sont les services que rend le *capitaliste.*

Enfin on désigne sous le nom générique d'*ouvriers* ceux qui mettent le travail de leurs bras à la disposition de l'entrepreneur agricole ou industriel, pour exécuter sous sa direction une part déterminée dans l'œuvre de la production.

Il peut arriver, et il arrive souvent, en effet, que les trois agents ou instruments de la production soient réunis en une seule et même personne qui conçoit l'opération, l'exécute de ses mains et à l'aide d'un capital qui lui appartient. C'est le cas pour beaucoup de cultivateurs qui sont propriétaires du sol, pour beaucoup d'artisans ou de maîtres de métier qui travaillent, comme on dit, pour leur compte. Alors tous les profits du travail leur reviennent naturellement ; il n'y a pas à se préoccuper d'en faire le partage.

Mais dans le monde de la grande culture et de l'industrie, il n'en est plus de même. Là, l'entrepreneur, le capitaliste et l'ouvrier sont trois personnes distinctes, ou tout au moins l'entrepreneur et l'ouvrier. Chacun apporte sa part à l'œuvre commune, selon ses moyens, selon ses ressources ; puis, le produit achevé, que ce soit du blé, des étoffes ou des machines, il faut assurer une juste rémunération aux uns pour le travail qui vient d'être fait, aux autres pour le travail épargné antérieurement et fourni sous forme de capital. Il faut attribuer à chacun dans le produit lui-même, ou dans le prix du produit, s'il est échangé tout de suite, la part qui lui revient légitimement pour la peine prise et pour le service rendu.

Lorsque le travail et le capital sont associés pour une opération très-simple, dont le résultat est bien connu à l'avance par les parties contractantes, et dont le produit surtout peut être vendu ou échangé promptement, le partage des profits est en général déterminé par l'expérience, imposé par la coutume et accepté sans discussion par les intéressés.

Nous avons deux exemples intéressants de ce mode de répartition des profits dans des associations de ce genre. L'un, sur les bords de la mer, règle le partage des produits de la pêche entre le patron de barque et ses hommes d'équipage ; l'autre, dans la plupart de nos campagnes, s'applique au partage des récoltes entre le cultivateur et le propriétaire d'un domaine loué par métayage.

III

Le marin qui possède une barque de pêche ne peut la gouverner à lui seul, ni manœuvrer seul de lourds filets qui ont souvent 50 mètres de long. Pour en venir à bout, il s'associe avec ceux de ses voisins qui n'ont ni barque ni filets.

Le patron, c'est ainsi qu'on l'appelle, fournit son travail et sa direction. C'est lui qui dirige l'opération de la pêche, et, de plus, il fournit son capital; il l'expose aux diverses chances d'accidents, si fréquents le long de nos côtes. Dans tous les cas, il est obligé d'entretenir son matériel en bon état et de le réparer à ses frais.

Il est à la fois entrepreneur et capitaliste, et même ouvrier dans un certain sens. La justice exige donc qu'il reçoive une rémunération supérieure à celle de ses compagnons.

Et, en effet, dans ces conditions, l'usage est de répartir le produit de la pêche en trois parties égales : l'une pour le bateau, l'autre pour le patron, et la troisième pour l'équipage.

La part du bateau représente l'intérêt du capital, son amortissement et l'assurance contre les risques de mer.

Celle du patron est le prix de son travail, de son intelligente direction; elle est en outre destinée à couvrir les frais ordinaires d'entretien du matériel de pêche.

Enfin, la part des hommes d'équipage est la rémunération de leur labeur quotidien. Si la pêche a été abondante, la journée est bonne; sinon, c'est une journée perdue comme profit.

Le caractère de ce premier mode d'association du capital et du travail est que l'un et l'autre participent aux risques de l'entreprise, comme ils participent aux bénéfices. Les membres d'une pareille association doivent être actifs, et surtout ils doivent être prévoyants; car, s'ils ne réservaient rien pour l'avenir sur le produit des bonnes pêches, ils éprouveraient de cruelles privations, eux et leurs familles, quand viendraient les jours mauvais.

On remarquera, du reste, que chaque jour l'opération est liquidée sous les yeux des participants, et que les produits en sont vendus immédiatement; c'est une condition du succès de ce genre d'association.

Le second exemple que nous avons à citer est également une association du capital et du travail avec participation de l'un et de l'autre aux chances ou aux bénéfices de l'entreprise. Mais ici le capitaliste fournit seulement l'instrument du travail, la terre, et c'est le cultivateur qui est à la fois l'entrepreneur et l'ouvrier.

Le métayer, avec l'aide de sa famille, laboure, fume, ensemence la terre, fait la récolte, puis il la partage avec le propriétaire, suivant des conventions réglées par l'usage; elle est partagée par moitié dans la plupart des cas. De là le nom de métayage ou culture à mi-fruit.

La situation du métayer exige de sa part plus de prévoyance encore qu'il n'en faut au pêcheur; car une année se passera avant qu'il puisse recevoir la rémunération de son travail, et même une série de mauvaises récoltes peut reculer de plusieurs années les bénéfices sur lesquels il a le droit de compter.

C'est ce qui arrive en particulier pour la culture de la vigne, et c'est ce qui fait que, malgré un système très-rationnel d'association, le métayer des régions vignobles du centre de la France se trouve assez généralement dans une situation précaire (1).

<h2 style="text-align:center">IV</h2>

Comment peut-on sortir d'une situation dans laquelle les individualités faibles ou imprévoyantes sont exposées, ainsi que leurs familles, à de véritables souffrances, si elles n'ont pas su prélever sur leurs gains antérieurs une réserve suffisante; réserve possible cependant pour des hommes intelligents et rangés, comme l'apprend une expérience séculaire? On y arrive par un autre mode de répartition des profits de l'entreprise en ce qui concerne les ouvriers, par le *salaire*, c'est-à-dire par une rémunération du travail payée immédiatement et à un prix convenu, suivant sa durée ou suivant sa quantité.

Ce système est un véritable progrès, si on le compare à celui qui consiste à laisser supporter les risques de l'entreprise par les ouvriers, aussi bien que par le patron ou par le propriétaire. Celui-ci, pourvu d'avances, est généralement aussi plus prévoyant, plus économe; car ce sont ces qualités qui l'ont amené au rang d'entrepreneur ou de capitaliste. Il lui est donc plus facile de supporter les chances d'insuccès et le retard dans la vente des produits. Il arrive même à prendre ces chances entièrement à sa charge et à en libérer les ouvriers.

Telle est l'origine du salaire.

Par le salaire, le pêcheur ou le cultivateur est désormais à l'abri des risques d'une mauvaise pêche ou d'une mauvaise

(1) Une autre cause contribue encore à nous montrer le métayage sous des couleurs peu favorables : c'est qu'il disparaît presque fatalement dans les pays de cultures prospères. Quand le sol est très-productif, le propriétaire a tendance à faire valoir par lui-même, pour tirer un profit plus grand de sa propriété, et alors les métayers deviennent des journaliers, ou bien le métayer s'enrichit et prend les terres à bail comme fermier, assumant dès lors tous les risques et tous les bénéfices de l'entreprise.

récolte ; l'ouvrier, dans l'industrie, est à l'abri des conséquences d'une mauvaise fabrication ou de l'incertitude des conditions de la vente. Ils sont, de plus, les uns et les autres, dispensés d'attendre que le produit soit récolté, fabriqué et vendu pour toucher la part de rémunération qui leur revient ; et on n'ignore pas, surtout quand il s'agit des produits industriels, qu'il peut s'écouler plusieurs années avant qu'un objet arrive au consommateur qui en paie définitivement le prix. Prenons, par exemple, les produits du ver à soie, et voyons ce qu'il faudra de temps pour qu'ils soient transformés en une cravate. Le cultivateur, le fileur, le teinturier, le tisseur, le fabricant et le marchand se les passent successivement de main en main. Comment les ouvriers pourront-ils subvenir à leurs besoins journaliers s'ils ne sont rémunérés que le jour où la cravate de soie sera achetée par celui qui doit s'en servir ? Comment surtout se fera la répartition entre cette innombrable quantité d'associés, ouvriers, entrepreneurs, marchands et capitalistes, qui ont contribué à lui donner sa forme définitive et à la faire parvenir au consommateur ?

V

Ce qui est presque impossible dans le système de la participation, à cause de la complication des produits industriels, devient facile, grâce au salaire et à l'échange intégral qui en est la conséquence immédiate. Chaque entrepreneur partiel, après avoir payé le salaire de ses collaborateurs et l'intérêt de ses capitaux, sait quel est le prix de revient de son produit. Il le cède alors à un autre industriel, moyennant un prix qui doit comprendre sa rémunération.

Pour celui-ci, le produit incomplet devient une matière première à laquelle il appliquera son industrie ; il lui donnera une nouvelle forme ; il en tirera à son tour, par un nouvel échange, le prix de revient et sa propre rémunération. Et ainsi de suite jusqu'à ce que le produit achevé arrive aux mains du consommateur, qui paie au dernier détenteur tous les salaires, tous les intérêts des capitaux successivement employés, enfin toutes les parts de rémunération des divers entrepreneurs qui y ont travaillé.

Ce mécanisme est vraiment merveilleux, et il ne saurait donner prise à aucune difficulté, à aucune réclamation, si le taux des intérêts, si le salaire des ouvriers, si la rémunération de l'entrepreneur, si, en dernière analyse, le prix de chaque objet était fixe et invariable.

Mais il n'en est pas ainsi dans nos sociétés fondées sur la liberté. Les économistes n'ont pas eu de peine à constater que partout les besoins sont variables. Les hommes consomment tantôt plus, tantôt moins; les produits eux-mêmes varient beaucoup en qualité et en quantité; les saisons sont plus ou moins favorables aux produits de la terre; le travail industriel est plus ou moins fécond, et, en vertu de leur liberté, un nombre d'hommes plus ou moins grand se porte vers une branche d'industrie de préférence à un autre.

Or, si les produits sont rares, en même temps que les besoins sont grands, l'expérience apprend que le prix des produits s'élève. C'est un fait inévitable, auquel les règlements les plus rigoureux ne peuvent s'opposer; et inversement les prix s'abaissent si les produits sont abondants et les demandes relativement rares.

C'est le cas d'une bonne récolte de blé dans un pays peu peuplé, le blé est bon marché; en cas de mauvaise récolte, il sera plus cher, et cela indépendamment du prix de revient. Ce n'est donc pas le prix de revient réel, actuel du produit qui règle le prix de vente; c'est la loi de l'offre et de la demande au moment de la vente.

Mais, naturellement, le prix moyen établi sur une période assez longue doit être suffisant pour rémunérer tous les agents de la production; sans cela, ils renonceraient à s'occuper d'un genre de travail incapable de les faire vivre. Ceci, c'est l'expérience seule qui peut l'apprendre, et elle comporte quelquefois des enseignements douloureux, dont le capitaliste et l'entrepreneur, dans le système du salaire, supportent seuls les conséquences.

Quoi qu'il en soit, il est clair que la variabilité dans les prix de vente ne permet pas d'assurer à l'avance à chacun des agents de la production une rémunération calculée sur ce prix de vente et proportionnelle à leur part d'efforts dans le résultat du travail commun.

Comment donc s'établira le taux de cette rémunération?

VI

Du moment où le salaire ne peut plus se mesurer sur le prix de la vente, et par conséquent sur les bénéfices, impossibles à définir à l'avance, il faut l'établir sur une autre base.

Cette base, c'est l'expérience qui la fournit. Pour être équitable, le taux du salaire doit être suffisant pour l'entretien journalier de l'ouvrier et de sa famille, pour l'amortissement, si j'ose dire, de son capital, c'est-à-dire pour lui fournir des moyens d'existence quand l'âge ou la maladie lui enlèvent la ressource du travail, enfin une assurance contre les risques de chômage que peuvent lui imposer ou la nature de l'industrie, ou les intempéries, ou toutes autres causes trop bien connues pour que j'aie à insister plus longtemps.

Mais qui fixera le taux d'entretien journalier de l'ouvrier? Les dépenses nécessaires pour l'existence d'un ménage varient dans de bien larges limites. Il suffit, pour s'en convaincre, de comparer la manière de vivre d'un paysan d'Auvergne à celle de l'habitant de nos grandes villes. Quelle autorité réglera le taux de cet entretien? C'est l'usage, et l'usage seul. Autrefois, l'usage bienveillant des sociétés chrétiennes avait réglé ce prix d'une manière équitable, suivant les contrées, suivant la mesure des besoins, enseignée par l'expérience. Et, dans la pratique, chacun se soumettait à l'usage.

Dans la question de salaire, la loi de l'offre et de la demande n'est donc pas seule en jeu; il y a aussi la loi d'entretien de l'agent qui fournit le travail.

Et cela est si vrai que, si le travail diminue de moitié, on ne réduira pas dans cette proportion le taux des salaires. La différence sera relativement faible et ne dépassera pas la mesure dans laquelle peut se resserrer la consommation des objets nécessaires à l'existence de l'ouvrier. Le chef d'industrie fera un choix parmi ceux qui se présentent; il donnera la préférence aux bons ouvriers, leur allouera le taux courant du prix de la journée, sans qu'il lui vienne à la pensée de profiter d'une détresse momentanée pour avoir leur travail à un prix si bas qu'il soit insuffisant pour les faire vivre. La concurrence s'établit non pas sur le taux du salaire, mais sur la qualité des travailleurs. N'est-ce pas justice?

Avec ces habitudes de régularité, de fixité relatives du salaire, on aurait donc lieu de s'étonner de l'agitation qui s'est faite autour de cette question, si l'on ne savait que nous traversons une période de crise économique. Le développement des machines à vapeur et des chemins de fer ont amené des conditions nouvelles de travail depuis un demi-siècle, et, en outre, l'afflux de l'or d'Amérique et d'Australie a fait augmenter le prix de toutes choses depuis vingt ans, en diminuant le pouvoir d'achat de la monnaie, signe ordinaire de la valeur.

Or, l'expérience prouve qu'il est difficile que la hausse des salaires suive une progression aussi rapide que le prix des subsistances ou des moyens d'existence, augmentation de prix dont cette hausse est elle-même cause et effet.

Comment vouloir, en effet, que des maîtres de métier, des chefs d'entreprise qui ont débuté péniblement, il y a vingt ou trente ans, mais qui ont su vivre néanmoins avec des salaires modiques, se fassent à l'habitude de voir les jeunes gens d'aujourd'hui réclamer des sommes de beaucoup supérieures à celles qui leur suffisaient autrefois, à eux et à leurs compagnons ?

De là des résistances très-longues aux demandes d'augmentation même justifiées. Cela est tout à fait dans la nature de l'homme, « *Laudator temporis acti.* » Et, dans ce cas particulier, l'intérêt du chef d'industrie est d'accord avec sa nature pour reculer le moment où il consentira à modifier le taux des salaires. Mais, à la longue, il se rend bon gré mal gré, soit qu'il ait été éclairé par la réflexion, ou bien contraint par le défaut d'ouvriers qui ne répondent plus à des offres de salaires jugées insuffisantes. C'est ainsi qu'on a pu constater une augmentation de 40 0/0, depuis vingt ans, dans le prix de journée en France (1).

Nous nous trouvons malheureusement dans cette période de transformation où les salaires ne montent pas aussi vite que la cherté de la vie. Nous allons essayer de montrer comment on doit remédier dans une certaine mesure au déficit qui en résulte pour le bien-être de la classe ouvrière, et comment cette situation anormale crée des devoirs spéciaux aux patrons, entrepreneurs ou chefs d'industrie.

Mais avant, nous devons faire observer que l'allure boiteuse du salaire n'est pas la seule cause de la souffrance qu'il est impossible de méconnaître chez certaines catégories d'ouvriers.

Une autre cause, c'est l'absence de modération des désirs qui s'est répandue dans la classe ouvrière en même temps que s'augmentait la richesse publique. Les ouvriers ont ressenti le contre-coup de cette augmentation; ils se sont créé des besoins inconnus jusque-là, et ces habitudes nouvelles sont devenues une nouvelle cause de souffrance. Cette cause de perturbation économique dans le monde du travail ne saurait être méconnue. Elle contribue pour une forte part à pro-

---

(1) Voir le rapport de la commission d'enquête sur les conditions du travail en France.

voquer les revendications actuelles. Mais, dans cette voie, où s'arrêtera-t-on? Car il n'y a aucune limite à l'augmentation de nos désirs, de nos consommations.

Et vraiment, en présence des exigences croissantes, de l'appétit des jouissances matérielles, on ne saurait blâmer la résistance routinière des vieux chefs d'industrie à l'accroissement des salaires. Elle est comme un frein salutaire qui empêche les travailleurs de se jeter à corps perdu daus une voie fatale. Mais si nous ne les blâmons point de cette résistance, c'est à la condition qu'ils s'occuperont d'améliorer d'une autre façon la situation de leurs ouvriers.

VII

Les ouvriers des grandes industries se préoccupent à peu près exclusivement de poursuivre une augmentation progressive de salaires pour obtenir le résultat que doit leur procurer le labeur quotidien. C'est dans ce but qu'ils organisent des grèves trop fréquentes, hélas! ou bien s'éprennent des syndicats et de la participation aux bénéfices, remèdes dangereux ou illusoires, qui leur font perdre de vue les avantages que pourraient leur assurer des associations ayant pour but l'instruction, la moralité et le bien-être de la classe ouvrière. Ces associations, qui exigent le concours personnel de l'ouvrier en même temps que l'intervention active et efficace du patron, paraissent, en l'état, le seul moyen rationnel de remédier aux inconvénients de la crise actuelle et d'améliorer le sort des ouvriers dans certaines industries. Elles reposent sur l'esprit de prévoyance des ouvriers, sur l'esprit de sacrifice des patrons; elles font appel à la bonne volonté des uns et des autres, sans nuire à la liberté de leurs rapports. Elles se sont fondées et réussissent partout où l'esprit chrétien anime véritablement les ouvriers et les patrons; est-ce trop présumer de l'avenir que de demander à une diffusion toujours plus large de ces associations l'apaisement des conflits auxquels nous assistons trop souvent?

Je n'ai pas besoin de rappeler ici ce que sont les grèves, comment elles se préparent d'ordinaire, comment elles se traduisent le plus souvent par des actes de violence et d'oppression. Mais il importe de savoir comment elles se terminent, quel est leur résultat au point de vue de l'amélioration du sort des ouvriers, quelle est leur influence sur le développement de l'industrie dans le pays.

Les grèves, à supposer qu'elles aient réussi, ont-elles une influence réelle et durable sur le taux des salaires? On ne l'a constaté nulle part. Si l'augmentation obtenue est justifiée par l'état du marché et du prix des moyens de subsistance, elle se serait produite bientôt sans la grève; sinon, elle ne dure pas plus que les circonstances spéciales qui ont provoqué l'adoption des nouveaux tarifs. Par contre, l'expérience a trop bien prouvé que les grèves sont toujours préjudiciables aux ouvriers, aussi bien qu'aux patrons et surtout aux consommateurs.

Ces résultats regrettables ont été relevés bien des fois en France et surtout en Angleterre. Dans ce dernier pays, le *Journal de la Société de statistique* (1) a fait le compte de la situation des ouvriers après plusieurs grèves fameuses. L'auteur a calculé que, si une grève « organisée dans le but d'ob-
» tenir une augmentation de 5 0/0 dure trois mois, il faudra
» près de cinq ans aux ouvriers pour retrouver, par l'augmen-
» tation de salaire, ce qu'ils ont perdu dans l'inaction. Dans
» un pareil espace de temps, ou bien les salaires seront reve-
» nus à leur taux ancien, si l'augmentation est artificielle, ou
». bien elle se serait produite d'elle-même si elle était motivée,
» et la grève n'aura en définitive rien produit pour le bien-être
» de la classe ouvrière. La grève des ouvriers en bâtiment de
» Londres, qui eut lieu en 1859, dura trente-six semaines.
» Lors même qu'elle aurait réussi, il aurait fallu dix ans de
» travail continu au nouveau tarif pour compenser les sacri-
» fices que les ouvriers s'étaient infligés. »

Voilà où aboutissent pour les ouvriers les grèves qui réussissent. Que dire de celles qui échouent?

Leur résultat sur la situation des patrons est toujours ruineux également. Les capitaux chôment, les affaires sont suspendues; les mines sont noyées; les hauts-fourneaux, arrêtés en pleine marche, sont mis hors de service; voilà le bilan de ces actes de violence. La gravité des conséquences est manifeste et la perte des richesses ainsi compromises, la stérilité des capitaux forcément improductifs font hausser le prix des produits de l'industrie en souffrance.

Qui est-ce qui paie, sinon le consommateur, victime des désordres auxquels il ne peut rien, ni pour les prévenir, ni pour les faire cesser?

(1) Numéro de décembre 1861.

La grève des houillères en Angleterre a amené, en 1872 et 1873, une crise qui, traduite en chiffres, a coûté 4 ou 500 millions aux industriels français (1). A Manchester, l'arrêt des filatures s'est traduit par une hausse de 15 0/0 sur les tissus.

Mais ce n'est pas tout. « Les grèves ont un résultat infail-
» lible, c'est d'affaiblir l'atelier où on les pratique au profit de
» ses concurrents. C'est ainsi que l'industrie métallurgique
» anglaise, malgré tous ses avantages naturels et sociaux, a
» ouvert, par ses grèves et ses tarifs, l'Angleterre même à
» l'importation des produits du continent. C'est ainsi que l'in-
» dustrie parisienne a vu ses produits remplacés sur quelques
» marchés par ceux de la Belgique et de l'Allemagne, et que
» nous avons vu importer à Paris même des habits, des cha-
» peaux, des pièces de voiture, que les ouvriers de la localité
» avaient cessé de fournir. »

Ainsi donc les grèves, organisées d'une manière collective pour peser sur les prix des salaires dans les pays où le travail est libre, c'est-à-dire dans les pays où chaque individu peut offrir ses bras à telle ou telle industrie et accepter ou refuser les conditions de salaire qui lui sont offertes, les grèves dans un tel pays sont une guerre désastreuse, entraînant après elles tous les maux de la guerre et déchaînant forcément quelques-unes des mauvaises passions qui sommeillent au fond du cœur humain dans les temps calmes.

Aux yeux des économistes, la grève n'a d'ailleurs aucune raison d'être ; car ils ont établi, d'une manière irréfutable, que la concurrence est, au sein d'une sage liberté, le plus sûr moyen pour établir l'équilibre entre les divers agents, ouvriers ou patrons, qui se consacrent à une industrie déterminée. Ceux qui ne réussissent pas se retirent et laissent les autres réaliser des profits suffisants pour vivre convenablement.

Si les ouvriers ne se trouvent pas assez rémunérés dans une usine ou dans un métier, les plus actifs, les plus instruits, ceux qui ont le droit de compter sur une meilleure rémunération, renoncent à continuer de travailler à des conditions qu'ils jugent insuffisantes, sûrs qu'ils sont de trouver mieux ailleurs, et bientôt la diminution des bras dans cette partie relèvera le taux des salaires de ceux qui, moins habiles ou moins énergiques, sont obligés de continuer à offrir leurs services dans la voie où ils sont engagés.

(1) Ducarre. *Enquête sur les conditions du travail en France*, p. 328.

Telle est la loi économique et les grèves n'y changeront rien, sauf peut-être dans les industries qui sont déjà dans une situation artificielle par suite de l'adoption de tarifs obligatoires pour les patrons et pour les ouvriers de certains métiers. Ces tarifs, arrêtés, depuis un temps plus ou moins long, restent volontiers immobiles, par suite de l'intérêt personnel chez les patrons et de l'habitude prolongée chez les ouvriers.

Cette mesure exceptionnelle, qui soustrait le prix du travail à la variation de l'offre et de la demande, a été considérée par quelques personnes comme une panacée destinée à supprimer les débats quelquefois irritants entre l'ouvrier et le patron à propos de la fixation du salaire, mais elle n'est cependant pas sans danger. Si elle offre quelques avantages, assez contestables d'ailleurs, elle entraine de graves inconvénients ; car les tarifs fixés pour ces industries empêchent les salaires de s'y élever aussi promptement qu'ailleurs pour se mettre à l'unisson de l'augmentation des denrées de première nécessité. De là des souffrances auxquelles on ne porte remède que lorsqu'elles sont devenues intolérables, et le plus ordinairement ce remède s'annonce sous la forme d'une grève qui vient encore accroître les souffrances, en attendant l'adoption d'un nouveau tarif plus élevé que l'ancien.

C'est ce qui est arrivé en particulier pour l'industrie du tissage de la soie à Lyon. Les tarifs arrêtés en 1835 n'ont été révisés qu'en 1869, avec augmentation de 25 à 30 0/0 sous la menace d'une grève. Ils étaient donc insuffisants depuis longtemps, et ils n'avaient pas réussi à maintenir la paix dans les esprits.

VIII

Nous arrivons maintenant aux remèdes pacifiques. Les syndicats d'ouvriers sont-ils une solution et doit-on les encourager, leur donner une existence légale ?

Il est important d'être fixés sur cette question qui est à l'ordre du jour de nos assemblées. Depuis 1867, le gouvernement a sinon encouragé, du moins toléré les syndicats ouvriers, et le parti socialiste s'en est emparé avec le plus grand empressement, comme d'une arme capable de le faire triompher dans ses revendications.

En 1872, l'Assemblée nationale avait décidé une enquête sur les conditions du travail en France. L'un des rapporteurs de la commission, M. Ducarre, a résumé d'une manière spéciale les résultats de l'enquête au point de vue de l'influence des syndicats. Après avoir constaté l'exagération manifeste des revendications soulevées à propos de la question du salaire, il est arrivé à la conclusion que voici, exprimant l'avis unanime des industriels :

« C'est que tout intermédiaire, *syndicat* ou autre, ne fera
» que nuire à l'entente entre les ouvriers et les patrons, et
» augmenter les préventions et les défiances des uns contre les
» autres. »

Qu'est-ce que les syndicats ouvriers? Quel but poursuivent-ils ?

Les syndicats seraient, d'après leurs promoteurs, les représentants officiels des ouvriers des diverses professions. On voit quel champ s'ouvre ainsi aux ambitions des meneurs qui jouent, dans le sein de la classe ouvrière, le rôle de ces *politiciens* qui sont dénoncés dans l'Ancien et dans le Nouveau Monde comme le fléau des institutions démocratiques. Avoir des places rétribuées pour ne rien faire, quoi de plus tentant pour les déclassés qui savent mieux parler que travailler? Aussi les candidats ne manquent pas.

Ce que veulent les syndicats, le programme des délégations ouvrières à l'Exposition de Vienne en 1872 va vous le dire :

« La grève a été la première forme de résistance, elle est
» aujourd'hui abandonnée et remplacée par une forme de ré-
» sistance perfectionnée appelée le *syndicat*.
» Le syndicat fournira des délégations légales chargées de régler les différends entre les patrons et les ouvriers.
» Le syndicat appliquera l'épargne des travailleurs à des
» sociétés de production et de consommation dans lesquelles
» es sociétaires auront une *égale participation*.
» Le syndicat organisera des sociétés de crédit mutuel pour
» arriver à l'*annulation complète de l'intérêt du capital*.
» Le syndicat organisera la coopération de manière à arriver
» à supprimer le *patronat* et le *salariat*.
» Les rapports contiennent beaucoup d'autres attributions
» du même ordre. Ils proscrivent le travail aux pièces, re-
» poussent la participation qu'ils assimilent au servage (1). »

Ce programme serait désastreux pour les ouvriers eux-mêmes,

---

(1) *Enquête sur les conditions du travail en France*, p. 201.

s'il n'était heureusement irréalisable. La délégation de leurs droits individuels, faite au profit de leurs syndicats, les ramènerait au servage. Car l'expérience apprend que les ouvriers, ainsi investis d'une autorité sur leurs pairs, ne résistent jamais à l'entraînement qui les porte à l'oppression, à la tyrannie, dirigée soit contre les ouvriers soit contre les patrons.

IX

La manière dont les rapports de la délégation ouvrière à l'Exposition de Vienne envisagent la participation aux bénéfices, nous dispense d'insister sur le peu de fondement à faire sur ce moyen pour résoudre la difficulté qui nous occupe. Dans les conditions où on la préconise d'ordinaire, elle se résume en une augmentation de salaire qui prend le même chemin que les salaires ordinaires, et qui ne profite point à l'avenir de la famille.

Et cependant, si les produits d'une industrie se vendent couramment à un prix supérieur au prix de revient, tel que nous l'avons défini en commençant, l'industrie donne des bénéfices. A qui appartient cet excédant ?

La coutume et l'usage l'attribuent au patron et parfois au capital. Est-ce à dire que le travail n'en doive pas avoir sa part, lui aussi, au prorata de sa part dans le prix de revient lui-même ?

L'excédant nous paraît assurément devoir être partagé, comme le prix de revient, sous forme d'un dividende pour le capital, d'un bénéfice pour l'entrepreneur et d'un fonds de réserve pour l'ouvrier.

Ces bénéfices des bonnes années, destinés à pourvoir aux chances de perte ou d'insuffisance des profits des années mauvaises, serait-il sage de les distribuer dès qu'ils sont réalisés ? Evidemment non. Car les ouvriers, le plus ordinairement, ne manqueraient pas de les dépenser comme un simple supplément de salaire, et leurs souffrances, en cas de chômage, en cas de maladie, en cas de vieillesse, n'en seraient pas diminuées, bien au contraire.

C'est donc avec raison que la coutume a confié la gestion de ces réserves au patron ; mais il ne faut pas que celui-ci s'abuse au point de croire que l'usage, en lui concédant de toucher tous les bénéfices, ne lui a point laissé de charges. C'est à lui d'y pourvoir en se conformant à la justice telle que la conscience

lui en trace l'obligation, et c'est ainsi qu'il remédiera aux difficultés causées par la crise monétaire dans le monde du travail.

Après avoir payé aux ouvriers le salaire convenu, salaire
résultant du taux courant de la main-d'œuvre, le patron est
encore tenu de lui procurer une certaine fixité dans sa situation, c'est-à-dire de l'assurer contre le chômage. Pour cela, il
lui faut de la prudence, de la réflexion dans la conduite de ses
affaires, de la sagesse dans la poursuite des débouchés de son
industrie; quelquefois même il lui faudra faire des sacrifices
d'argent.

En second lieu, le patron doit venir en aide, par des subventions diverses, aux associations qui ont pour but de procurer aux ouvriers des soulagements en cas de maladies ou
d'accidents, des moyens d'existence pendant leur vieillesse. Il
est indispensable, comme signe et comme condition de moralité, que les ouvriers fassent partie de ces associations, qu'ils
s'imposent à eux-mêmes le devoir de l'épargne pour les cons-
tituer, et qu'ils se chargent du soin de les diriger; mais, sans
l'intervention du patron, elles ne peuvent, dans l'état actuel,
suffire aux charges essentielles qui leur sont imposées.

Tel sera l'emploi naturel des réserves faites par le patron
sur les profits de l'industrie. Tel doit être le vrai sens de la
participation aux bénéfices pour les ouvriers; système de beaucoup préférable aux augmentations de salaire, ou aux essais
de participation directe, qui laissent, en les supposant réalisa-
bles, les ouvriers exposés à la tentation de dépenser tout ce
qu'ils reçoivent.

X

Il ne faut pas croire que l'accomplissement de ces devoirs
soit impossible pour les patrons dignes de ce nom. Depuis
quelques années on a pu citer nombre de grands établissements
industriels qui le mettent en pratique vis-à-vis de leurs ouvriers. Presque toutes les Compagnies de chemins de fer ou
d'exploitation de mines le font par la permanence des engage-
ments, par les caisses de secours, par les caisses de retraite.
L'élan est donné, il ne s'arrêtera pas.

On dira peut-être que, seuls, les ouvriers qui appartiendront
aux industries prospères pourront, dans ces conditions, être à
l'abri du besoin. J'en tombe d'accord. Car, encore une fois, il
ne peut y avoir de liberté sans responsabilité; et si on veut que
l'ouvrier ne soit plus une machine, il faut qu'il sache supporter

les conséquences de son choix dans l'exercice de son activité, aussi bien que le patron et le capitaliste.

Dira-t-on encore que le système des subventions et des retraites, absorbant le montant des réserves qui reviennent aux ouvriers, supprime leur initiative dans la gestion de leurs affaires? C'est vrai, mais il ne supprime pas cette initiative dans l'emploi de leur salaire, et là ils ont un champ assez vaste pour l'exercer. On peut en juger par les précieuses monographies présentées par M. Le Play dans les *Ouvriers européens*. On voit en effet des ouvriers, avec un revenu annuel de 1,200 à 1,500 francs, s'élever par l'épargne à la condition de propriétaires, tout en élevant soigneusement leur famille; tandis que d'autres, avec des revenus de 1,800, 2,000 francs et plus, ne peuvent y arriver et restent dans la même condition, si même ils ne tombent pas dans la misère.

En résumé, c'est au bon emploi de son salaire que l'homme laborieux et économe doit de pouvoir s'élever dans l'échelle sociale, et il peut y arriver comme le montrent de nombreux exemples. Mais la moyenne des ouvriers, qui n'a pas ces qualités, doit demander au salaire au moins son entretien quotidien, et c'est le patron, chargé de la gestion du fonds de réserve (quand il a fait des bénéfices), qui doit se préoccuper de subvenir aux circonstances extraordinaires de la vie de ses ouvriers.

Telle est, à mes yeux, la théorie de la répartition des profits du travail; elle est, à ce dernier point de vue, pure affaire de devoir, pure question de conscience. Car l'Autorité ne saurait intervenir, comme le demandent les socialistes, et Louis Blanc en particulier, sans anéantir toute chance de réussite.

Comme en bien d'autres circonstances, deux mobiles seuls pourront déterminer le patron à accomplir entièrement ce devoir : le sentiment religieux, ou l'intérêt même de son industrie. Que le premier donne l'impulsion, les intérêts seront bientôt stimulés et contraints de le suivre. On verra sans doute moins de grosses fortunes créées dans l'industrie ou dans l'agriculture; mais on verra plus d'ouvriers satisfaits : c'est là le vrai but du travail et de l'industrie.

XI

En résumé, le régime du salaire est un progrès réalisé en faveur des ouvriers; c'est une avance qui leur est faite sur les produits du travail, et en même temps une assurance contre les chances de perte.

Aussi a-t-on peine à comprendre les déclamations qui ont cours, non-seulement chez les socialistes, mais chez des personnes que séduisent des arrangements de mots. A les entendre, le premier état du travail a été l'esclavage, auquel aurait succédé le servage; puis serait venu le salariat, forme imparfaite, dit-on, qui doit disparaître devant une nouvelle évolution, qui sera la participation aux bénéfices; puis enfin la coopération, c'est-à-dire la possession du capital par les ouvriers eux-mêmes.

La vérité historique et économique est tout autre. Il n'y a aucune assimilation à faire entre l'esclavage, le servage et le salariat. Ils ne procèdent point les uns des autres; et leur succession historique, fût-elle exacte, ce qui n'est pas, ne constituerait nullement une évolution forcée, une loi du régime du travail dans l'humanité.

Il n'y a pas que les ouvriers, d'ailleurs, qui vivent de leur salaire. Les commis de magasin, les employés d'administration, les juges d'un tribunal, ou le préfet d'un département, sont aussi des salariés. Qu'ils reçoivent leur rémunération au mois ou à l'année, qu'on l'appelle traitement, appointements ou honoraires, c'est toujours une somme fixe et convenue à l'avance; elle leur est payée pour des services rendus, pour un travail fait. C'est un salaire.

Il répond au besoin de fixité, de sécurité qui tourmente les hommes, quelle que soit leur situation dans la classe ouvrière ou dans les fonctions libérales, et qui les fait se contenter de profits moindres, pourvu qu'ils soient certains. Encore une fois, il est imposible de comprendre les griefs qu'on voudrait soulever contre le salaire. Ils ne viennent point d'ailleurs des ouvriers rangés et laborieux, mais bien plutôt de ces hommes qui se sont constitués leurs avocats d'office, pour se créer une popularité malsaine.

Assurément, il serait désirable que les associations coopératives pour la production industrielle ou agricole pussent se répandre. Mais elles resteront sans doute toujours une exception, une forme accessible à un petit nombre d'individus doués de qualités rares d'intelligence, d'ordre et d'économie : qualités qui transforment rapidement les ouvriers en patrons dans notre état social. Et au contraire, nous avons vu de nos jours disparaître les dernières communautés agricoles du Morvan, qui n'étaient autre chose que des associations coopératives.

Pourquoi se sont-elles ainsi dissoutes après plusieurs siècles d'existence, si elles réalisaient le progrès naturel vers lequel tendrait la classe ouvrière? La coopération n'est donc pas le remède à l'antagonisme qu'on signale trop souvent, hélas! entre les ouvriers et les patrons.

Au fond, la cause de cet antagonisme est bien plutôt une cause morale qu'une cause économique. C'est à un remède moral et non à un remède économique qu'il faut avoir recours. C'est du patronage chrétien, appuyé, autant que possible, par des associations d'ouvriers, dociles aux enseignements du christianisme, que pourra venir l'amélioration du sort de ceux auxquels nous nous intéressons tous.

Nous maintiendrons donc la liberté individuelle du travail, la libre fixation du salaire, comme le fondement le plus sûr de la prospérité industrielle et agricole de la France, et par conséquent du bien-être de tous ses habitants, mais nous demanderons aux patrons et aux propriétaires d'être à la hauteur de la fonction sociale qui leur est dévolue. Nous leur demanderons de faire, dans un esprit de justice, en faveur de leurs collaborateurs, tous les sacrifices que comporte la situation de leur industrie ou de leur fortune; c'est le plus sûr moyen de faire régner autour d'eux la paix sociale et d'accomplir la mission qu'ils ont reçue de Dieu en ce monde.

Jules MICHEL.

FIN

Paris. — Imp. Dubuisson et Ce, rue Coq-Héron, 5.